I0117064

FAMILLE

TEYSSIER DE CHAUNAC DES FARGES

FAMILLE

TEYSSIER DE CHAUNAC DES FARGES

FAMILLE

TEYSSIER DE CHAUNAC DES FARGES

NOTICE

HISTORIQUE & GÉNÉALOGIQUE

PARIS

SOCIÉTÉ D'IMPRIMERIE ET LIBRAIRIE ADMINISTRATIVES ET DES CHEMINS DE FER

PAUL DUPONT

41, RUE JEAN-JACQUES-ROUSSEAU, 41

1880

A M. George Teyssier des Farges

—⁂—

Meaux, le 25 août 1880.

Monsieur le Marquis,

C'est avec une vraie satisfaction que j'ai lu le travail, entrepris sous votre direction, sur la généalogie des familles de Chaunac et des Farges.

*Quand je publiai, il y a quinze ans, l'*Essai historique et archéologique sur Pecy *et* sur la seigneurie de Beaulieu, *je ne soupçonnais pas que l'on pût réunir sur la filiation de vos ancêtres paternels des documents si nombreux et si intéressants. Il est vrai que vous n'avez épargné ni le temps ni les recherches. C'est au berceau même de votre famille et dans les principaux dépôts d'archives de France et d'Angleterre, que vous avez trouvé tous les éléments de ce travail et que vous avez su en tirer le meilleur parti. Je souhaite que cette publication soit appréciée comme il convient par les maîtres de la science, par ceux qui s'occupent spécialement de recherches généalogiques et nobiliaires.*

Veuillez agréer, Monsieur le Marquis, l'expression de mes sincères compliments.

L'abbé DENIS,

Chanoine de Meaux, bibliothécaire-archiviste
de la Société d'agriculture, sciences et arts de Meaux.

TEYSSIER DE CHAUNAC DES FARGES

Écartelé: au 1, Teyssier de Chaunac au 2;
de Farges (Provence) au 3, de Farges Budos; au 4,
Teyssier des Farges; sur le tout, de Chaunac.

FAMILLE

TEYSSIER DE CHAUNAC DES FARGES

La famille Teyssier des Farges, ou plus exactement Teyssier de Chaunac des Farges, est la seule branche existant encore de la maison de Farges, une des plus anciennes et des plus considérables de la Provence et de la Guienne; elle représente, en même temps, l'ancienne maison de Chaunac du Limousin. En 1550, Jean de Chaunac, second fils de Jean I de Chaunac et d'Etiennette Rajaud, épousa une demoiselle de Teyssières, en prenant l'engagement de joindre son nom au sien, d'où la branche Teyssier de Chaunac; un siècle et demi après, Jean Blaise Teyssier de Chaunac, arrière-petit-fils du précédent, prit, en épousant une demoiselle des Farges, un engagement analogue ; ses descendants ne portèrent généralement que le nom de Teyssier des Farges. On exposera donc, en premier lieu, la généalogie de la famille de Chaunac, et particulièrement de la branche cadette de cette famille, confondue, depuis 1683, avec la famille des Farges, toutes deux représentées aujourd'hui par un seul héritier mâle.

ORIGINE ET DESCENDANCE
DE LA FAMILLE
TEYSSIER DE CHAUNAC

DE CHAUNAC

Marquis de Lanzac et de Montlauzi ; *comtes* de Chaunac ; *vidames* de
Rocamadour ; *seigneurs* de Seillac, de Lanzac, de Cazals, de
Montlauzi, de Marfons (*branche aînée*), de Chaunac, d'Augeat, du
Mazel, de Boissy, de la Combe (*branche cadette*).

La famille de Chaunac, une des plus nobles du Limousin, dit
Baluze (*His. pap. Avenionensium*), est originaire du bourg d'Alassac (à
15 kilomètres de Brive) et la châtellenie portant son nom est,
comme l'a constaté d'Hozier, une des plus anciennes de cette
province; les ruines en existent encore, à environ dix kilomètres de
Tulle.

Le nom s'est écrit de diverses manières : Caunac, Cannac, Chalnac,
Chanac et enfin Chaunac, la lettre *u* ayant été ajoutée dans la suite,
suivant la coutume du Limousin (*Limosin*). Cette famille, qui au XIV°
et au XV° siècle, a occupé dans le Limousin une situation des plus
considérables, comme on le verra plus loin, a actuellement pour
représentants : M. Louis de Chaunac-Lanzac, de Montbette, chef de la
branche aînée, dont on n'a pas à s'occuper ici ; M. George Teyssier
des Farges, dont la généalogie sera exposée ci-après, est le chef de
la branche cadette dont il est le seul représentant mâle existant
aujourd'hui.

DE CHAUNAC

D'argent au lion de sable, armé, couronné et lampassé de gueules.

I
DEGRÉ.

ITISBURGE.

IMMON ou IMON de CHAUNAC est le premier des seigneurs de
ce nom dont il a été possible de retrouver l'origine. En 924, il céda,
d'accord avec sa femme *Itisburge,* une vigne qu'il possédait à
Donzenac, dans le district d'Uzerches, au monastère de Saint-Martin
de Tulle, à la tête duquel était l'abbé Aymon ; il céda, en même
temps, au même monastère, une propriété — maison, jardins, terres,
et prés — appelée Chazelada, située dans la même paroisse de
Donzenac. L'acte de cession fut signé par lui et par sa femme, en

présence du vicomte Adémar, du vicomte Gauzbert, de plusieurs autres seigneurs, et rédigé par le moine Ysarn (1).

Trois ans plus tard, en 927, il donnait à l'abbaye de Beaulieu, en Limousin (2), des manses (fermes), une vigne et des prés situés dans le voisinage de l'abbaye. Robert, Matfrod et Adalrand, seigneurs du Limousin, assistèrent à la signature de l'acte de cession, rédigé du consentement de sa femme (3).

Enfin, en 940, Immon assista, en qualité de témoin, à un acte de donation fait par Guitard, à l'abbaye de Beaulieu (4).

De son mariage, Immon eut un fils.

1. BERNARD, qui suit.

BERNARD DE CHAUNAC fit des dons à l'abbaye de Tulle, dont Pierre Ier était abbé, sous le règne du Roi Robert, Gérald étant évêque de Tulle vers l'an 1000 (5). Il épousa *Ilisla* dont il eut :

II
HISLA

1. BERNARD, dans un âge avancé, termina des différends qui s'étaient élevés entre lui et l'abbaye de Beaulieu, par un acte passé en présence de Raymond, vicomte de Turenne, de Gaubert de Malamort, etc. (6).

2. GÉRALD, moine de Tulle, fit, de son vivant, don à l'abbaye de Beaulieu, de terres qu'il lui avait laissées par testament. L'acte fut signé par Robert de Rofinac, son fils Guillaume de Beluc et d'autres seigneurs du voisinage, au mois de mars, sous le règne de Philippe Ier, roi de France (7).

3. PIERRE;

---

(1) *Historia Tutelensis*, par *Baluze*, col. 323 et 324.

(2) Le monastère de Beaulieu fut fondé par saint Rodulfe, archevêque de Bourges, dans un obscur village du Limousin, appelé Vellinus, en 855, et placé sous l'invocation de saint Pierre. L'élection de l'abbé, laissée d'abord aux moines, fut, au XVe siècle, remplacée par la nomination d'abbés commendataires, désignés par le Roi et pourvus de l'office en Cour de Rome, par des bulles du Souverain Pontife.

(3) *Capitularium monasterii di Belli loco*, pag. 116 et 117.

(4) *Historia Tutelensis*, col. 305, 366.

(5) *Gallia christiana nova, Ecclesia Tutelensis*, t. II, col. 663.
L'abbaye de Tulle fut fondée au VIIe siècle par Stephanus Baluzius de Tulle et dédiée à saint Martin.

(6) *Capitulaire de l'abbaye de Beaulieu*, p. 164, 165.

(7) *Idem*, p. 251, 252.

4. Fulco, qui suit.

III FULCO DE CHAUNAC était encore vivant en 1091 ; il était contemporain d'Etezius, évêque de Limoges, ainsi que cela est prouvé par le testament de Farelda Albuconia, femme d'Ademar de Roca. Il est nommé dans des actes de concorde passés, en 1091, entre l'abbé d'Uzerche et Pierre de Tulle (1). On n'a pu retrouver le nom de sa femme ; on sait seulement qu'il en eut un fils :

1. Frudinus, qui suit.

IV FRUDINUS DE CHAUNAC épousa..... dont il eut sept enfants :

1. Fulco ;

2. Pierre, moine de Tulle ;

3. Guillaume, qui suit.

LAVAL.
D'or à la croix de gueules, chargée de cinq coquilles d'argent et contournées de seize alérions d'azur.

4. Pétronille, mariée à *Hugues de Laval.*

5. Aimodis, mariée à Rigald Hughes.

6. Alaïs, mariée à Gilbert Alboin.

7. Aimeline.

V GUILLAUME DE CHAUNAC vivait en 1106 et mourut en 1156 (2), ainsi que le constatent des actes publics. Il épousa..... dont il eut quatre fils :

1. Guillaume, qu'on trouve en 1181.

2. Pierre, qu'on trouve également en 1181.

3. Guy, épousa..... dont il eut :

1). *Guillaume*, né en 1248, fut, en 1306, nommé professeur de lois et official de l'évêque de Paris. Il fut ensuite nommé archidiacre, puis évêque de Paris par Jean XXII ; il fut sacré le 18 avril 1333 (3). Le jeudi avant la saint Laurent de la même année, il

---

(1). *Vitæ paparum Avenionensium,* par *Baluze,* t. I, col. 1450.

(2). *Vitæ paparum Avenionensium,* par *Baluze,* t. I, col. 1451.

(3). *Histoire de la ville de Paris* par *Félibien,* ed. 1725, tom. I, pag. 579. — (L'évesque de Paris eut pour successeur Guillaume de Chanac, archidiacre de l'église de Paris, issu d'une des plus nobles familles du Limousin.)

acheta, pour mille florins d'or, le château de Luzarches; le 25 février 1334, il fonda, à Paris, le collège de la Charité, placé sous
l'invocation de la Vierge Marie. Il fit plusieurs règlements pour
pourvoir à des besoins particuliers de son diocèse, insérés dans les
registres de l'année 1335, le 5 novembre, première année du pontificat de Benoît XXII. On le trouve dans un acte privé, fait à Seillac, en 1339 (1). La même année, il fonda, à Alassac, quatre chapelles pour le repos de son âme et de celle de noble Pierre de
Chaunac, chevalier, son frère, qui avait déjà fondé une chapelle au
même endroit (2). Le 12 mai 1340, il fit l'acquisition du
domaine de Conflans; le roi Philippe lui ordonna, la même année,
de remettre aux moines de Saint-Denis tous les droits qu'il avait
sur une terre voisine (3).

Le 20 septembre 1342, il se rendit à Avignon pour demander au
pape de lui donner comme successeur à l'évêché de Paris, son
neveu Foulques de Chaunac; cette demande lui fut accordée par
le souverain pontife, qui l'éleva, en même temps, à la dignité de
patriarche d'Alexandrie, le 5 des calendes de décembre, de la
même année.

Il fonda à Paris le collège qui, après avoir porté son nom, fut
désigné sous le nom de collège Saint-Michel. Il avait donné pour
cet établissement sa maison de la rue de Bièvre, avec cent louis de
rente, des ornements pour la chapelle et des livres pour la bibliothèque qui était dans la même maison. Son intention était qu'il
y eût dix ou douze boursiers, nés en Limousin, entretenus dans ce
collège; mais les biens en furent bientôt après divisés, de sorte
qu'à peine put-il fournir à la subsistance de six (4).

Guillaume mourut le 5 mai 1348, âgé de cent ans moins quelques jours, et fut enterré dans l'église de Saint-Victor, dans la chapelle de l'Infirmerie (5). Il avait été le 87e évêque de Paris (6).

---

(1) *Gallia christiana nova*, t. VII, col. 129, 130 et 131.

(2) *Nobiliaire du diocèse et de la généralité de Limoges*, par l'abbé *Nadaud*,
om. I, pag. 560. Arch. du ch. de Pompadour.

(3) Les administrateurs de l'hôpital, pour dégager le chapitre de Notre-Dame de
sa promesse, payèrent à l'évesque dix cents livres qu'il employa à l'acquisition du
château de la Motte de Luzarches, ce qui lui tint lieu des soixante livres promises,
comme il paraît par les lettres de Guillaume de Chanac, évesque de Paris, en date
du jeudi devant la saint Laurent, 1333. (*Felibien, Histoire de la ville de Paris,
. I*, pag. 567.)

(4) *Histoire de la ville de Paris* par *Felibien*, t. I, pag. 596, 597. — Également, *Vitæ paparum Avenionensium*, par *Baluze*, t. I, col. 1091, 1092. — Voy.
notes, page 89.

(5) *Gallia christiana nova*, t. VII, col. 131.

(6) *Dictionnaire universel*, par *Moreri*, art. Chanac. — Aussi, *Histoire de saint
Martial*, par le *P. Bonaventure*, t. III, pag. 631.

2). *Adhémar,* mentionné en 1265.

3). *Léonard,* qu'on trouve à la même époque.

4). *Raymond,* chevalier, seigneur de Seillac, près la ville de Tulle, seigneurie qu'il acheta en 1280, vivait en 1320. Il épousa *Almodis,* dont il eut *Pierre,* damoiseau. Ce dernier n'eut qu'une fille, *Galiène,* mariée, en 1355, à Ramnulphe *Hélie de Pompadour,* à qui elle porta les biens de son père, dont la postérité s'éteignit avec elle (1).

5). *Pierre,* damoiseau, est mentionné dans une donation faite en 1271, par noble dame Alamande, femme de noble chevalier Elie de Chastella, à sa fille, Valérie du Mas de las Chaucas, paroisse de Sainte-Fortunée, et de celui de la Rogeyrie, paroisse de Saint-Hilaire, et en cas de défaut de postérité de la part de ladite demoiselle, sa fille, elle lègue lesdits biens et tous autres à elle appartenant, à son frère Pierre et aux siens. Cet acte est scellé de quatre sceaux; Guillaume Forcherii et Hélie de Castella, damoiseaux, sont témoins (2).

4. JEAN DE CHAUNAC, qui suit.

VI   JEAN DE CHAUNAC prit part à la troisième Croisade; il figure comme témoin dans un emprunt contracté à Tyr, au mois de mai 1192, sous la garantie d'Hélie de la Cropte; il se retrouve également dans un emprunt par lui fait à des marchands de Gênes, au même lieu et à la même date, sous la garantie de B. de Cugnac (3). Cet acte est rédigé dans les termes suivants :

B. de Cugnac, chevalier de Guienne, cautionne Jourdain d'Abzac et Jean de Chaunac pour cent livres tournois.

« A tous ceux qui ces présentes lettres verront, moi, B. de Cugnac,
« chevalier, je fais savoir qu'envers Tornabel Spinelli et ses associés,
« citoyens de Gênes, je me suis constitué garant de la somme de cent
« livres tournois pour très chers seigneurs Jourdain d'Abzac et Jean de

POMPADOUR.
D'azur à trois tours d'argent maçonnées de sable.

---

(1) *Nobiliaire du diocèse et de la généralité de Limoges,* par l'abbé *Nadaud,* t. I, pag. 424.

(2) *Nobiliaire du diocèse et de la généralité de Limoges,* par l'abbé *Nadaud,* t. I, pag. 447.

(3) *Galeries historiques du palais de Versailles,* t. VI, 2º partie, pag. 159.

« Chaunac, en sorte que si lesdits seigneurs manquaient au payement
« de ladite somme aux termes fixés par eux, je serais tenu de la payer
« à leur lieu et place ; à cet effet, j'engage mes biens. En foi de quoi,
« j'ai apposé mon sceau sur les présentes lettres. Fait à Tyr, au mois de
« mai, l'an du Seigneur 1192. » (1)

Jean de Chaunac épousa *Dulcia,* fille de Bernard Robert, chevalier, seigneur de *Saint-Jal,* et tante du cardinal Adémar Robert. Il mourut vers 1256 et laissa de sa femme qui testa en 1265, cinq enfants :

SAINT-JAL.
De sable, à la fasce d'argent, à la bordure de gueules.

1. PIERRE, qui suit.

2. GUY, damoiseau, qu'on trouve en 1256.

3. SEGUINE, mariée à *Pierre de Netzio.*

4. ALAMANDE, femme de *Pierre de Tulle,* chevalier.

5. ALOÏDE, religieuse aux Allois. Un inventaire, dressé en 1283, mentionne une donation faite à son neveu Pierre. Ce doit être la religieuse des Allois, citée, sans son prénom, dans les études historiques sur les monastères du Limousin, n° XIV (2).

NETZIO.
D'azur au chevron d'argent chargé de trois hermines et accompagné de trois roses de même.
TULLE.

PIERRE I DE CHAUNAC, damoiseau, épousa *Alaïde Fulcheria,* laquelle, étant veuve, testa en 1280. Il mourut en 1271 (3); il eut de son mariage :

VII
FULCHERII.

1. PIERRE, qui suit.

2. ALMODIE, mariée à *Pierre Arnaud,* qui, par un acte de 1284, fit une donation à son frère Pierre (4). Elle est mentionnée dans cet acte comme femme de Pierre Regnaldi, damoiseau ; mais on a évidemment voulu dire Pierre Arnaud.

ARNAUD.
D'azur à la fleur de lys d'or.

3. ADÉLAÏDE, mariée à noble Pierre *de la Tour,* damoiseau, comme le porte un acte de 1285, portant quittance de sa dot. Cette quittance consiste en mille écus d'or une fois payés, et 200 sous de rente donnés à ladite demoiselle par Pierre de Chaunac, son père, en présence de Guil-

LA TOUR.
D'argent à trois tours couvertes d'azur.

---

(1) *La Noblesse de France aux Croisades,* par *P. Roger,* pag. 99.

(2) *Nobiliaire du diocèse et de la généralité de Limoges,* par l'abbé *Nadaud,* I, pag. 569.

(3) *Vitæ paparum Avenionensium,* par *Baluze,* t. I, col. 1451.

(4) *Nobiliaire du diocèse et de la généralité de Limoges,* t. I, pag. 569, chives du château de Pompadour.

Iaume de Moneirols, Guillaume de la Tour, Guillaume Escharpal, et Bernard Laporte, damoiseaux (1).

4. PIERRE, chanoine de l'église de Limoges, puis official de Paris, mort en 1309, fut enterré chez les Chartreux de Paris (2).

VIII PIERRE II DE CHAUNAC épousa *Delphine*, mentionnée dans le nécrologe de Solignac. Il fit son testament le 27 mai 1306, par lequel il institua sa femme gouvernante et tutrice de ses enfants, à la condition de ne pas se remarier. Il eut de son mariage :

1. GUY, qui suit.

ANGLARS.
D'azur au lion de gueules.

DULCIA, mariée à noble *Robert d'Anglars*, fils de Hughes, chevalier, suivant deux quittances données en 1311 (3).

ALIARDE, religieuse.

4. GILBERT, moine d'Uzerche, ainsi qualifié dans un acte de 1332 (4).

5. BERTRAND, moine de Saint-Martial de Limoges, prévôt de Saint-Viance.

6. FULCO, trente-cinquième doyen de l'église de Beauvais (5), était entré dans les ordres, ainsi que ses frères Gilbert et Bertrand, d'après les instructions de son père. En 1341, il fut nommé chanoine de Paris, et l'année suivante, devint vicaire général de son oncle Guillaume ; une bulle du pape Clément VI, donnée à Avignon, le 5 des calendes de décembre 1342, le nomma évêque de Paris, à la place de son oncle; il fut sacré le 16 février suivant. Il fonda diverses chapelles et rédigea plusieurs règlements d'ordre intérieur (6).

Le 25 juillet 1349, il fut enlevé par la peste qui désolait Paris et toute la France. Il fut enterré à Saint-Victor, auprès de son oncle Guillaume (7).

7. BERNARD, moine de Tulle, prévôt de Marco.

---

(1) *Nobiliaire du diocèse et de la généralité de Limoges*, t. I, pag. 569.
(2) *Idem*, pag. 424.
(3) *Idem*, pag. 569.
(4) *Ibidem*.
(5) *Gallia christiana nova*, t. IX, col. 771.
(6) *Idem*, t. VII, col. 131, 132 et 133.
(7) *Histoire de la ville de Paris*, par *Félibien*, t. I, pag. 608.

GUY I DE CHAUNAC, chevalier, épousa, le 17 janvier 1307, *Isa-belle*, surnommée Belotta, apparemment à cause de sa beauté, fille de Robert *de Montberon*, en Angoumois, et d'Isabelle de Ventadour. Robert, frère de Belotta, plaidait au mois de juin 1329 contre Guil-laume de Chaunac, archidiacre de Paris, et Guy de Chaunac, son neveu. Guy I testa à Paris, le 12 août 1348. Un acte de 1327 établit un partage (1) entre *magnæ nobilitatis, potentiæ et discretionis,* Guil-laume de Chaunac, archidiacre de l'Eglise de Paris, et noble Guy de Chaunac, chevalier, son neveu. Ledit seigneur Guy promet de faire rectifier le présent partage par nobles dames Dauphine (ou Delphine), sa mère, Isabeau (Isabelle), sa femme, Eustachie, sa belle sœur, par tous ses frères et parents, non nommés. On n'a pu retrouver le nom du mari de cette Eustachie, sa belle-sœur; elle était sans doute sœur de Belotta.

Isabelle fut nommée, par le testament de son mari (2), tutrice de ses enfants, qui suivent :

1. GUY, mort avant son père, en 1343; avait épousé, en 1318, *Eusta-chie,* fille cadette de Bernard de Comborn, chevalier, seigneur de Beaumont et du Chamboluis. Il eut de ce mariage deux enfants, dont il avait laissé la tutelle (*ballum*) à son père :

    1.) *Galiène,* mariée, en 1340, à *Bertrand de Favars,* damoiseau, puis en 1356, à *Ramnulphe, Hélie de Pompadour,* chevalier, sei-gneur de Pompadour, Arnac, Cromières, St-Cyr et La Roche-Galiène, mourut sans enfants, le 3 juin 1361, après avoir fait son testament.

    2.) BLANCHE, mariée à *Jean Fulcherii,* de la même famille que la femme de Pierre I de Chaunac, mentionné plus haut (3).

2. HÉLIE, a continué la descendance.

3. GUILLAUME, né à Paris, entra, à sept ans, au monastère de Saint-Martial, de Limoges, où il fut d'abord simple religieux, puis chefcier. Il alla ensuite à Paris, où il devint docteur en droit. Puis il fut nommé prieur de Longpont et abbé des abbayes de Bèze (4) au diocèse de Lan-

MONTBERON.
Burelé d'argent et d'azur de dix piè-ces, écartelé de gueules plein.

COMBORN.
De gueules à deux lions léopardés d'or l'un sur l'autre.

FAVARS.
D'or, à la plante de fève de deux tiges, de sinople.

POMPADOUR.
D'azur à trois tours d'argent, maçon-nées de sable.

FULCHERII.

IX

---

(1) *Nobiliaire du diocèse et de la généralité de Limoges,* t. I, pag. 569.
(2) *Vitæ paparum Avenionensium,* par *Baluze,* t. I, col. 1451.
(3) *Idem,* col. 1452 et *Abbé Nadaud,* t. I, pag. 425.
(4) *Gallia christiana nova,* t. IV, col. 710. — Le monastère de Bèze, dédié à saint Paul, avait été fondé vers l'an 600.

gres et de Saint-Florent (1) au diocèse de Saumur, le 2 des calendes de mai 1354.

Urbain V le nomma évêque de Chartres (86ᵉ évêque), le 9 des calendes d'octobre 1368, et il prit possession de son siège le dimanche après la Purification (2).

Le 7 février 1370, il fut nommé évêque de Mende (40ᵒ évêque) (3). Le vendredi après la Pentecôte, de l'année 1371, il fut créé par le pape Grégoire XI, cardinal-prêtre de Saint-Vital (au titre de Vestine, dans la première promotion de cardinaux faite par le pontife) (4). Quelques auteurs veulent qu'avant d'avoir été promu au cardinalat, il ait été nommé chancelier de Louis d'Anjou, roi de Sicile. Mais il a été établi d'une manière irréfutable que Louis I, duc d'Anjou, n'a jamais fait valoir de prétentions sur les royaumes de Naples et de Sicile, avant l'année 1380, où il fut adopté par la reine Jeanne (5).

Quatre ans après sa promotion, il fut, par ordre de Sa Sainteté, qui faisait grand cas de son savoir, l'un des signataires du traité fait entre le Saint-Siège et Louis, duc d'Anjou, au sujet des troupes à envoyer en Lombardie.

Il mourut à Avignon, le 29 décembre 1384, peu après avoir fait son testament; il laissa au collège de Saint-Michel, fondé, à Paris, par son grand-oncle, sa mitre, sa crosse et quelques livres, avec une somme de cinq cents francs. Il demanda à être enseveli dans l'église de Saint-Martial de Limoges, où son corps fut transporté et placé dans un superbe tombeau de marbre, sur le côté droit de l'autel principal; l'obituaire de cette église porte que le pape Grégoire XI lui avait, en outre, donné l'évêché de Tusculum (6). Ses armes, gravées au dessus de l'épitaphe (7), sont de sept bandes d'or et de huit d'azur, à un griffon (ou lion) de gueules onglé et lampassé, et surmontées d'un chapeau de cardinal (8).

4. Bertrand, que divers auteurs confondent avec Bertrand de Cosnac,

---

(1) *Gallia christiana nova*, t. XIV, col. 638.

(2) *Histoire des Cardinaux français*, par *Duchesne*, t. I, pag. 626.

(3) *Gallia christiana nova*, t. I, col. 99.

(4) *Gallia purpurata*, par *Frizon*, pag. 398 et 399. — Voy. aussi les ouvrages ci-dessus.

(5) *Histoire générale des Cardinaux français*, par *Aubéry*, t. I, pag. 557, 558.

(6) *Histoire des Cardinaux français*, par *Duchesne*, t. I, pag. 626 et 627, et t. II, pag. 453 et 454. — Voy. aussi le *Dictionnaire historique de Moréri*, t. III, pag. 457; le *Dictionnaire de Larousse*, t. III, pag. 906.

(7) Voy. aux notes, pag. 85 et 90.

(8) *Histoire de saint Martial*, par le *P. Bonaventure*, t. II, pag. 381; *Science du Blason*, par *Chevillard*, planche des Papes et Cardinaux français.

également cardinal, mais sans aucune raison (1), s'adonna d'abord à
l'étude du droit, et devint docteur en droit et en théologie; il entra ensuite
dans les ordres, et fut fait clerc de la chambre apostolique et archidiacre
de l'église d'Agde, par le pape Clément VI, il figure en cette qualité dans
un acte de soumission fait au souverain pontife, en 1344, par le vicomte
Humbert Dauphin, et d'autres envoyés de l'empereur Louis IV (2). En
1348, il figure également comme témoin dans un acte de vente de la ville
d'Avignon (3).

En 1350, il fit le voyage de Rome, et reçut du Saint-Père une lettre
prescrivant aux chanoines de Saint-Pierre de lui montrer le visage de
l'apôtre (4).

En 1374, il fut fait 82ᵉ archevêque de Bourges, où il demeura douze
ans. La première année de son pontificat, les Carmes s'établirent en la
capitale du Berry, où ils firent bâtir une église dans le lieu appelé Noyers,
appartenant à Jean Pelourde, bourgeois de Bourges, duquel ils l'acqui-
rent (5). Il eut de grands différends avec le chapitre de l'église de Bourges,
qui fut entièrement exempté de sa juridiction par le pape Clément VII;
en même temps, les chapitres et les abbayes en furent également exemptés,
pour les mettre à couvert des trop grandes rigueurs des évêques (6).

En 1381, Bertrand assista à l'assemblée des évêques du royaume, tenue
à Compiègne, comme envoyé de Louis, duc d'Anjou, et sa présence y fut
constaté dans le procès-verbal suivant de Jean Fabri, évêque de Chartres :
*Mardy, premier jour d'octembre, l'archevesque de Bourges, et maistre
Pierre Gérard disent aux Cordeliers à Compiègne aux prélas là assemblés
que Mons. d'Anjou leur avoit dit que l'entreprise qu'il avoit eue en propos
pour l'église et la Reine de Cécile (Sicile), il n'entendoit point poursuir,
et pour ce pour lors ne demandoit riens à nostre Sainct Père, au clergié,
forsque conseil. Et lors fu messire Raymond Bertrand au conseil* (7).

En 1382, Clément VII le nomma patriarche de Jérusalem, à la place
de Pierre d'Alençon qui avait embrassé le parti d'Urbain VI; il n'en conserva pas moins l'administration de l'archevêché de Bourges (8).

L'année suivante, 1383, il fut, en outre, nommé 70ᵉ évêque du Puy,
siège qu'il conserva, du reste, peu de temps (9).

---

(1) *Dictionnaire historique*, par *Moréri*, t. III, pag. 457.

(2), (3) et (4) *Vitæ paparum Avenionensium*, par *Baluze*, t. I, col. 1135 et suivantes.

(5) *Histoire des Cardinaux français*, par *Duchesne*, t. I, pag. 681 et 682.

(6) *Histoire du Berry*, par *De la Thaumassière*, pag. 319, et *Gallia christiana
nova*, t. II, col. 89 et 94.

(7) *Vitæ paparum Avenionensium*, par *Baluze*, t. I, col. 1136.

(8) *Vitæ paparum Avenionensium*, t. I, col. 1136.

(9) *Gallia christiana nova*, t. II. col. 729.

En 1385, Clément VII le créa cardinal-prêtre, lors de la cinquième promotion de cardinaux faite par lui. Il lui donna le titre de Sainte-Pudentiane (1). L'année suivante, 1386, irrité des décisions prises lors du règlement de ses différends avec les chanoines de Bourges, il quitta l'administration de ce diocèse, et se retira à Avignon, où il prit une part active dans les négociations du Saint-Siège avec les autres Etats.

En 1394, il prit part à l'élection de Benoît XIII; il donna l'année suivante son avis, dans un conseil tenu à Avignon, dans le but de mettre fin au schisme qui désolait l'Église; il conseilla d'entrer dans la voie des concessions, tout en gardant intactes l'autorité du roi de France et les libertés et franchises de l'Eglise (2). Il fut, peu après, le 7 décembre, nommé doyen de l'église de Beauvais (3). L'année suivante, le pape Benoît XIII lui donna l'évêché de Sabine (4).

Il légua au collège fondé à Paris par son grand-oncle, une somme de cinq cents livres tournois, avec la maison qu'il possédait en la grande rue du faubourg Saint-Marcel, maison qui porta longtemps son nom, et appelée communément « maison du Patriarche ».

Il mourut à Avignon, le 21 mai 1404; il y fut enterré, dans l'église des Révérends Pères Dominicains, sous une tombe sur laquelle il est représenté avec une épitaphe rappelant simplement le jour de son décès, celui de sa naissance et ses qualités (5).

Il portait pour armes : *fascé d'or et d'azur de six pièces, au lion de gueules brochant sur le tout* (6).

ROCHECHOUART.
Ondé d'argent et de gueules de six pièces en fasce.

5. BERTRAND, fut doyen de Beauvais en 1377; il est mentionné en cette qualité en 1382 (7). Il quitta ensuite les ordres, et est désigné comme chevalier dans un acte de 1685. Il épousa *Marguerite de Rochechouart*, fille d'Aimeric et de Jeanne d'Archiac. Le roi Charles VI l'avait nommé chevalier et relevé de ses vœux par lettres patentes, données à Saint-Denis, en février 1385 (8).

---

(1) Dans sa *Gallia purpurata*, pag. 396 et 397, à l'article Bertrand de Chaunac, *Frizon* a confondu ce prélat avec un autre Bertrand nommé cardinal par Grégoire XI en 1371, auquel ce pontife envoya par un envoyé spécial le chapeau et la barrette; tous les autres auteurs reconnaissent que l'archevêque de Bourges ne fut nommé cardinal qu'après son élévation au patriarchat de Jérusalem, qui n'eut lieu qu'en 1382.

(2) *Vitæ paparum Avenionensium*, t. I, col. 1136 et 1137.

(3) *Gallia christiana nova*, t. IX, col. 772.

(4) *Italia Sacra*, par *Ughellus*, col. 177.

(5) *Histoire des Cardinaux français*, par *Duchesne*, t. I, p. 682. Voir son épitaphe aux notes, pag. 87.

(6) *Science du blason*, par *Chevillard*, pl. des papes et cardinaux français.

(7) *Gallia christiana nova*, t. IX, col. 772.

(8) *Vitæ paparum Avenionensium*, par *Baluze*, t. I, col. 1452 et 1453.

6. ROBERT, trente-sixième doyen de Beauvais, assista en cette qualité à la translation des saintes reliques, au monastère de Fleury ou Saint-Benoît-sur-Loire (1). Il mourut en 1376 et eut pour successeur son frère Bertrand, qui précède.

7. FULCO, moine de Saint-Martial de Limoges, reçut, le 3 février 1383, hommage de Guy de la Tremoille pour la terre de *Sully*, au nom de sa femme Marie de Sully. Il est mentionné au livre des quittances du pape Clément VII à la date du 1er avril de la même année (1383). Nommé peu après 80e évêque d'Orléans, il fit placer des reliques dans le chœur de la cathédrale (2). Il mourut le 1er mars 1394. Son frère, le cardinal Guillaume, l'avait désigné comme un de ses exécuteurs testamentaires (3).

8. COMPTOR, mariée à *Louis Faidel*, damoiseau, seigneur de Millaria, au diocèse de Cahors.

FAIDEL.

9 et 10. DENISE et DAUPHINE, toutes deux religieuses à Saint-Pardoux-la-Rivière, en Périgord.

11. SUPÉRANE, fut nommée 32e abbesse de la Trinité de Poitiers, le lundi après l'Ascension, en 1384. Elle fit établir, en 1385, l'état des revenus de son abbaye; elle y est désignée, dans la préface, sous le nom de : *Religiose et très honeste dame Sourayne de Chonac, humble abbesse dudit Moustier*. Elle mourut le 21 novembre 1391, et légua à son abbaye une certaine quantité de grains, *pour célébrer la fête des neuf mille vierges*. (4)

HÉLIE I ou HÉLIOT DE CHAUNAC, chevalier, fils de Guy I et l'Isabelle de Monteron, épousa, en novembre 1338, *Galienne,* fille de Gérald Ier de *Ventadour,* seigneur de Donzenac. Il eut de ce mariage :

X

VENTADOUR.
Échiqueté d'or et de gueules.

1. GUY, marié à..... dont il eut Isabelle, qui épousa *Jean IV* du nom, seigneur de *Prie*, qui vivait en 1399. (5)

PRIE.
De gueules à trois tiercesfeuilles d'or, au chef de même chargée d'une aigle à deux têtes de sable.

2. HÉLIE, qui suit.

3. GÉRALD, 43e abbé de Saint-Martial, élu le 5 février 1384, mourut le 5 mars 1393 (6). .

(1) *Gallia christiana nova,* t. IX, col. 772.
(2) *Idem,* t. VIII, col. 1476.
(3) Voy. aux notes, pag. 89.
(4) *Gallia christiana nova,* t. 11, col. 1307.
(5) *Nobiliaire du diocèse et de la généralité de Limoges,* par l'abbé Nadaud, I, pag. 426 et 447.
(6) *Gallia christiana nova,* t. II, col. 564.

4. ANDRE, abbé de la Chaise-Dieu.

CHAIMOT.

5. GILETTE, mariée à Pierre *Chaimot*.

XI

CULANT.
D'azur au lion d'or,
l'écu semé d'étoi-
les de même.

HÉLIE II DE CHAUNAC, chevalier, fut 39ᵉ doyen de Beauvais en 1386, et prieur de Saint-Jean hors les murs de La Rochelle (1). Il fut élu évêque de Beauvais en 1387, mais le pape ne voulut pas ratifier son élection. Il quitta les ordres, et épousa, en 1395, *Marie de Culant*, fille de Guichard, seigneur de Saint-Amand, et d'Isabeau de Brosse.

Louis, duc d'Aquitaine, le fit Sénéchal du Limousin, en 1410. En mai 1413, lors des émeutes suscitées par Etienne Marcel, prévôt des marchands, le Dauphin, dissimulant son ressentiment, accorda tout ce qui lui était demandé et nomma douze commissaires, *tous gens affectionnés à l'Estat* (2), dont fut Hélie de Chaunac. (3)

De son mariage, il eut un fils :

1. N...., qui suit.

XII

N..... DE CHAUNAC, dont on n'a pu retrouver le prénom pas plus que celui de sa femme n'est mentionné que comme père de :

1. JEAN, qui suit.

XIII

FLORAC.
De gueules semé de
fleurs de lys d'or.

JEAN DE CHAUNAC, seigneur de Lanzac, établi dans le Quercy, épousa, par contrat du 6 août 1478, *Jeanne de Florac* (4), dont il eut :

1. JEAN, qui suit.

XIV

RAJAUD.

JEAN I DE CHAUNAC-LANZAC, seigneur de Lanzac, au diocèse de Cahors, épousa, le 24 juillet 1518, *Etiennette de Rajaud*. On n'a pu retrouver sur lui d'autres enseignements ; on sait seulement qu'il eut deux enfants :

---

(1) *Gallia christiana nova*, t. IX, col. 772.

(2) *Histoire de la ville de Paris*, par Felibien, t. II, pag. 764.

(3) Dans ses *Fragments d'Histoire d'Aquitaine*, Etiennot parle d'un Lambert de Chaunac, professeur de l'un et l'autre droit à Orléans, d'illustre mémoire, mort le 21 février...

(4) *Documents sur les familles du Rouergue*, par feu Barreau, t. II, page 492.

1. N......DE CHAUNAC, père de Jean, marié le 13 août 1578 à *Jacquette de Peyronenc*, tige de la branche aînée des seigneurs de Chaunac, de Lanzac, de Montlauzi, de Cazals, de Marfons, de Montbette, etc..... représentée actuellement par le comte Louis de Chaunac-Lanzac, de Montbette, par Domme (Dordogne).

2. Jean, qui suit, et est le chef de la branche cadette.

PEYRONENC.
De gueules à trois facettes d'or à la bordure d'azur chargée de huit besans d'argent.

TEYSSIER DE CHAUNAC

De sinople à un chevron d'or accompagné en chef
de deux roses de même et en pointe d'un agneau pascal d'argent ;
au chef d'azur chargé de trois étoiles d'or.

JEAN DE CHAUNAC (1) épousa, vers 1555, N... de Teissières ou
Teyssières, fille de Jean, seigneur de Teissières, de Marfons et de Mont-
logis ou Montlauzy. Par son contrat de mariage, il prit l'engagement
de joindre à son nom celui de sa femme et de porter ses armes.

XV

Teissières.

Lozangé d'argent et
de gueules.

---

(1) Mémoire domestique.

Cadet de la maison de Chaunac, il devint par là chef de la branche de Teyssier de Chaunac (a). De son mariage il eut :

1. JEAN, qui suit.

XVI

DU VERDIER.
D'azur à deux lions passants d'argent armés et lampassés de gueules.

JEAN TEYSSIER I DE CHAUNAC, écuyer, seigneur de Chaunac, fut marié par articles sous seing privé, le 12 octobre 1593, avec demoiselle *Marguerite du Verdier*, veuve de Raymond Loubriac, et fille de Pierre du Verdier, seigneur de Peyranges. Il mourut avant le 14 février 1629, et de son mariage eut un fils :

1. JEAN, qui suit.

XVII

JARRIGE.
D'azur au chevron d'or surmonté d'une croisette de même et accompagné en chef de deux palmets d'argent et en pointe d'une tour de même, maçonnée de gueules.

FÉNIS.
Écartelé aux 1 et 4 d'azur à un phénix s'essorant d'or, sur un bûcher enflammé de gueules, regardant un soleil d'or mouvant de l'angle dextre du chef, aux 2 et 3 de gueules au lion d'argent.

JEAN TEYSSIER II DE CHAUNAC, écuyer, seigneur de Chaunac et d'Augeat, épousa, par contrat du 4 septembre 1632, *Julienne Jarrige*, fille de Blaise Jarrige et de demoiselle Anne Melon. De ce mariage il eut deux fils :

1. JEAN-JOSEPH, écuyer, seigneur du Mazel, épousa par contrat du 12 septembre 16::5 demoiselle *Aimée de Fenis*, fille d'Ignace de Fenis, seigneur de la Prade, président, lieutenant général au présidial de Tulle, et de demoiselle Madeleine de Saint-Chamans. De ce mariage il eut cinq enfants :

(a) La famille DE TESSIÈRES est d'une noble et ancienne maison d'Auvergne, où il existe une paroisse de Tessières de Cornet, près d'Aurillac. Le nom se trouve écrit diversement dans les titres : *Texières, Teychieras, Tassiras, Teyssieras, Tessieras*, etc. Les généalogistes ont adopté *Tessières* pour fixer le nom de cette famille lors des preuves qu'elle a faites en différentes époques, soit pour les pages ou Saint-Cyr, soit pour l'ordre de Malte.

Les plus anciens seigneurs de Tessières dont la mémoire se soit conservée par les titres, sont Etienne et Pierre Jo Tessières (*de Tassiras*), qui firent donation à l'abbaye de Dalon, au diocèse de Limoges, de la portion de dîmes qu'ils avaient au lieu de Chalamans, en présence de Pierre Chat (*de Chapt*) et d'Aimeric de Brun ; cette donation fut faite sous le pontificat de Géraud de Cher, évêque de Limoges, de 1137 à 1177. (*Cartulaire de Dalon, manuscrits de Goignères*, portef. 200, fol. 137.)

Guy de Tessieres (*Teyschieras*), chevalier, est mentionné en juillet 1247. Pierre de Teyssières en 1288, etc. (*Dictionnaire de la Noblesse de France*, par de Courcelle, t. II, pag. 552.)

Cette famille forma plusieurs branches dont une finit en la personne d'Anne de Tessières, dame de Marfons, mariée le 27 octobre 1609 à Raymond de Chaunac-Lanzac (branche aînée). Elle portait pour armes de gueules, au blaireau d'or. (*Nobiliaire d'Auvergne*, par Bouillet, t. VI, pag. 298.)

Une autre branche, à laquelle appartenait la femme de Jean III de Chaunac, et dont le représentant actuel est M. Ch. de Tessières, demeurant à Blanzac, par Cubjac (Dordogne), a pour armes : lozangé d'argent et de gueules. Elle est établie en Limousin depuis 1137. (*Idem*, pag. 299.)

1). *Jean-Joseph*, non marié.

2). *Jean-Blaise*, seigneur de Chaunac, de Mazel, de Boissy, etc., fut fait, le 26 décembre 1703, cornette dans le régiment royal étranger cavalerie, dont le chevalier de Saint-Chamans, son proche parent, était mestre de camp; lieutenant au même régiment, le 30 juin 1706; capitaine dans le régiment de Biron, le 10 février 1711, puis dans le régiment de Villeroy, et dans celui de Conti. Il fut nommé chevalier de Saint-Louis le 10 décembre 1734. Il épousa *Marie-Anne de Baluze du Besson*, dont il eut :

Jean-Joseph, seigneur du Mazel, mort mousquetaire de la première compagnie de la garde du Roi, sans avoir été marié. En lui finit la branche aînée des Teyssier de Chaunac.

Jeanne-Aymée, mariée, le 2 avril 1740, à *Jean-Charles de Lautonie*, seigneur de Lautonie, baron de la Garde, fils d'Armand et de Marie de Chabanes.

Jeanne-Françoise, mariée par contrat du 17 mars 1748, avec *Jean-Pierre d'Auteroche*, baron d'Auteroche, seigneur de la Martinie, fils aîné d'Alexandre, capitaine de dragons dans le régiment du Roi, et de Catherine d'Audibert de la Martinie. Jean-Pierre était cousin germain du comte d'Auteroche, capitaine aux gardes (1), et de l'abbé d'Auteroche, chanoine, comte de Brioude.

BALUZE. D'azur à onze billettes d'argent.

LAUTONIE. Écartelé au 1 et 4 d'azur à deux épis de blé d'or, réunis en pointe, aux 2 et 3 d'or à trois molettes d'azur à cinq pointes.

AUTEROCHE. D'or à trois rochers d'azur posés 1 et 2.

2. JEAN-BLAISE, qui suit.

3. CATHERINE, dame de Preyssat, engagée par des vœux dans une congrégation de la Foi.

5. JULIENNE, prieure titulaire de Coyroux, en Limousin (2), succéda dans cette place à N..... d'Aubusson, qui y avait été immédiatement précédée par N..... de Saint-Chamans, laquelle avait attiré dans ce monastère ladite Julienne comme parente, étant petite-fille de Madeleine de Saint-Chamans.

6. THÉRÈSE, épousa *Dominique de Bardoulat*, seigneur de la Salvanie, de Lissat et de Puymège, et eut de ce mariage :

1). *Dominique-Jean-Joseph,* marié le 1er juin 1738 à *Jeanne-Éléonore de Lautonie*, sœur de Jean-Charles de Lautonie, baron de la Garde, dont il a été parlé plus haut.

2). *Jacques*, seigneur de Lissat, marié à la veuve d'Hyacinthe Teyssier des Farges, dont il sera parlé ci-après (3).

---

(1) Le même qui, à la bataille de Fontenoy, répondit aux Anglais qui invitaient les gardes françaises à tirer avant eux : « Messieurs les Anglais nous ne tirons jamais les premiers ».

(2) *État de la France*, par les *Religieux Augustins*, t. II, pag. 554.

(3) Article de Hyacinthe Teyssier des Farges, pag. 72.

XVIII

JEAN-BLAISE TEYSSIER DE CHAUNAC, seigneur de la Combe et d'Augeat , épousa, au mois d'octobre 1683, *Martine de Régis des Farges,* fille de Raymond, lieutenant particulier en la sénéchaussée d'Uzerche, et de Jeanne de Boyer. Il fut chargé par son contrat de mariage de joindre à son nom celui de son beau-père et de prendre ses armes. Il mourut à Uzerche, le 10 juin 1721, et eut de son mariage (1) :

    1. RAYMOND.

    2. JEAN-JOSEPH.

    3. HYACINTHE, qui suit.

    4. MARGUERITE.

XIX

HYACINTHE TEYSSIER DES FARGES , marié à *Catherine Le Leu,* le 30 juillet 1728, eut pour enfants :

    1. JEAN-JOSEPH-HYACINTHE, qui suit.

    2. PIERRE-FRANÇOIS.

    3. JEAN-JOSEPH.

    4. JACQUES-NICOLAS-CHRISTOPHE.

    5. JULIENNE-MARIE-CATHERINE.

XX

JEAN-JOSEPH-HYACINTHE TEYSSIER DES FARGES épousa, en 1764, *Angélique Charlier,* dont il eut :

    1. ANGÉLIQUE.

    2. AIMÉ-HYACINTHE-HIPPOLYTE.

    3. AUGUSTE.

    4. PIERRE-FRANÇOIS-MARIE, qui suit.

XXI

PIERRE-FRANÇOIS-MARIE TEYSSIER DES FARGES épousa, en 1810, *Marie-Sophie Selves,* dont il eut :

    1. PAULINE.

    2. GUSTAVE-AIMÉ-VICTOR, qui suit.

---

(1) Voir, pour les détails, page 71.

3. Eugénie.

4. Virginie.

5. Hortense.

GUSTAVE-AIMÉ-VICTOR TEYSSIER DES FARGES épousa, le **XXII**
14 avril 1845, *Alice Forster Lucile Smith* et laissa de son mariage :

1. George-Aimé, qui suit.

2. Lucie-Pauline.

GEORGE-AIMÉ TEYSSIER DES FARGES, né le 11 septembre 1847, **XXIII**
chef actuel de la branche Teyssier de-Chaunac.

DES FARGES

Marquis de Guilhem et de Portes-Bertrand; *comtes* de Saint-Prix;
vicomtes de Portes Bertrand et de Teyrargues ; *barons* de Montclus,
de Budos, de Portes-Bertrand, de Teyrargues, de Saint-Jean-de
Valerisèle, de Mauvoisin , d'Auriac et de Témelac; *seigneurs* de
Lauriol, de Caromb, de Bédouin, de Baumes , de Saint-Jean, de
Teyrargues, de Saint-Jean de Valérisèle, de Genoilhac (en partie), de
Mauvoisin , de Mallignon, de Meaulx, de Thoard, de Beaucouse, de
Rousset (en partie), de Témelac, de Beaulieu, de Pecy, de Boissy-le-
Jariel et de La Grande Fontenelle.

Pithon Curt, dans son *Histoire de la noblesse du Comtat Venaissin* (1),
a établi d'une manière convaincante que la famille des Farges descend
des anciens seigneurs de Clermont , au diocèse de Lodève ; la
découverte du testament de Bérauld de Farges, évêque d'Alby, faite
après la publication de cet ouvrage, permit de reconstituer d'une
manière complète la filiation, et on trouve dans l'*Histoire de la noblesse
de Provence* par Artefeuil (2), l'analyse raisonnée de ce testament, et les
déductions indiscutables qui en résultent.

Comme la famille de Chaunac, en Limousin, la maison de Farges est
l'une des plus anciennes et des plus illustres de la Provence , « et par
les premières dignités de l'Église, et par les emplois de commandement général dans les armées de nos Rois, dans leurs guerres contre
les Rois d'Angleterre, qui ont longtemps disputé la Guienne à la
France » (3). La famille de Farges contracta des alliances avec les plus

---

(1) Paris, 1743, 4 vol. in-4°.
(2) *Avignon*, 1776-86, 3 vol. in-4°.
(3) *Histoire de la principale Noblesse de France*, par Maynier, pag. 119 à 122.

nobles maisons de la Provence et de la Guienne ; enfin, une des filles de Louise de Farges de Budos, mariée, en 1593, à Henri de Montmorency, épousa Henri II de Bourbon et fut mère de Louis de Bourbon, prince de Condé (le grand Condé), et d'Armand de Bourbon, prince de Conti.

Bérenger III, Guilhem, seigneur de Clermont, au diocèse de Lodève, eut de son mariage avec Mathilde de Goth, sœur du pape Clément V, plusieurs enfants dont deux firent branche : Raimond, qui hérita de la seigneurie de Farges (1), au diocèse de Bordeaux, est le chef de la branche des seigneurs de Farges ; et un autre Raimond de Farges, qui reçut la baronnie de Budos (2), située dans le même diocèse, dont il prit le nom, suivant l'usage de ce temps, fut le premier de la branche des seigneurs de Budos, qui s'éteignit en la personne d'Antoine-Hercule de Budos, tué, en 1629, au siège de Privas.

Les descendants de Raimond de Farges s'établirent en Provence, vers la fin du XVe siècle, dans les terres considérables dont avait fait acquisition Jean de Farges, secrétaire de Charles d'Anjou, comte de Provence. Enfin, un siècle plus tard, les fils aînés d'Etienne II de Farges retournèrent en Guienne, et l'un deux, Etienne III, est le chef de la branche qui existe encore aujourd'hui, tandis que son fils cadet, François, continua la branche de Provence qui s'éteignit avec Frédéric-Esprit de Farges, mort sans avoir été marié.

On exposera donc ci-après, séparément, pour plus de clarté, la filiation de chacune de ces trois branches. Celle dont Etienne III est le chef sera établie en dernier ; bien qu'elle soit la branche aînée, on a préféré commencer par celles qui sont éteintes, afin d'arriver, en terminant, au seul représentant mâle que la famille de Farges ait aujourd'hui.

---

(1) *Farges*, par corruption *Fargues*, aujourd'hui commune à 12 kilomètres de Bordeaux.

(2) *Budos*, commune à 45 kilomètres de Bordeaux.

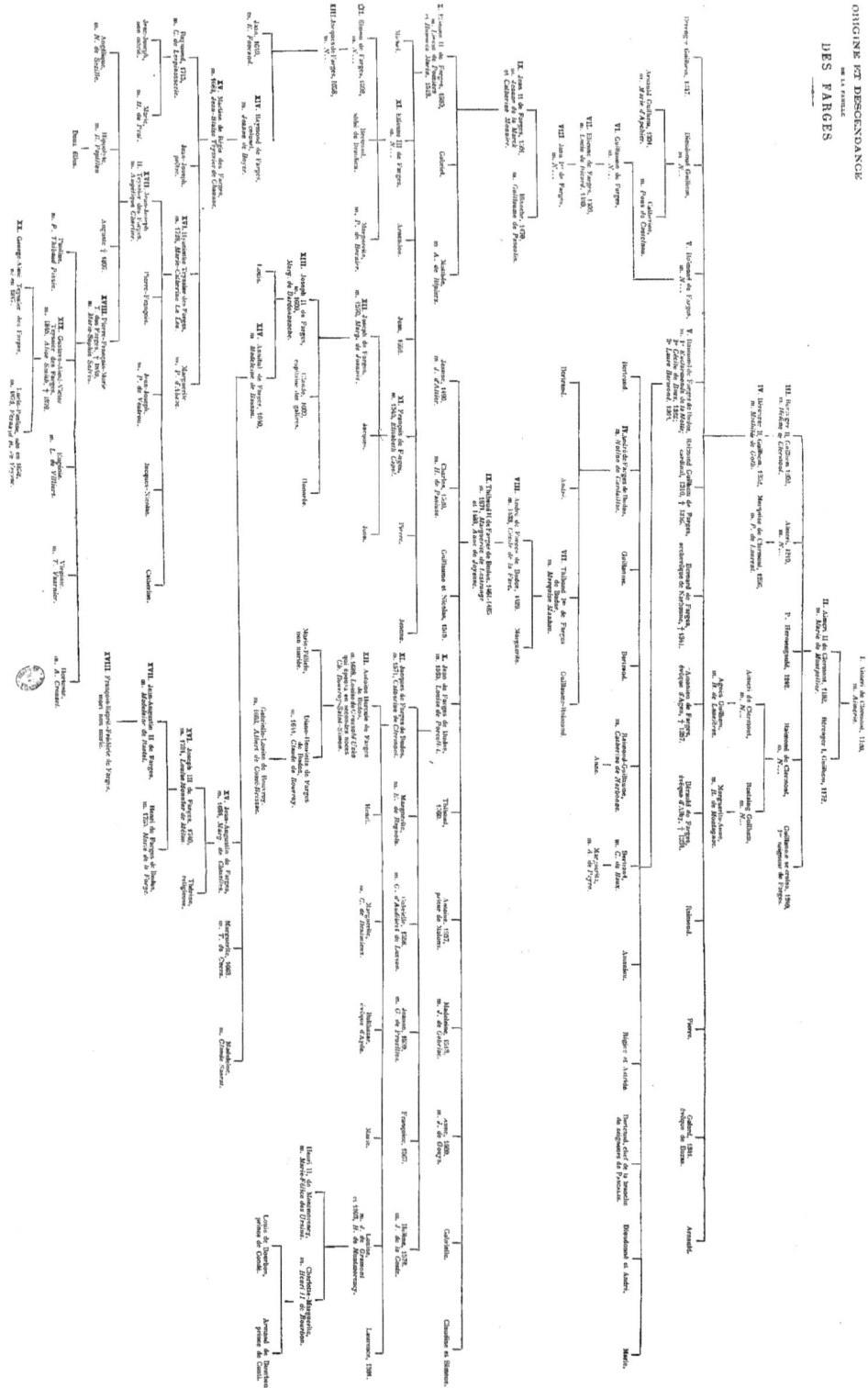

ORIGINE ET DESCENDANCE
DE LA FAMILLE
DES FARGES

I. Aimery de Charmont, 1132,
m. Adespine.

Aimery Ier de Charmont, 1162,
m. Marie de Montguichar.

II. Aimery II de Charmont, 1162,
Bérenger I. Guithain, 1172.

III. Bérenger II, Guithain, 1202,
m. Heloïse de Charmont.

P. Heraumguinaud, 1882.

IV. Bérenger II, Guithain, 1312,
m. Mathilde de Gras.

Aimery, 1212,
m. N...

Raimond de Charmont,
m. P. de Laurent.

Hesbaud de Charmont,
m. N...

Guithain et cetelin, 1868,
Bérenger de Farges.

Bérenger de Farges, Richmond, Guithain de Farges,
archevêque de Narbonne, ✝ 1891.

Agnès Guithain,
m. R. de Cassières.

Buteline, Guithain,
m. N...

Dieuaidé de Farges,
évêque d'Uzès, ✝ 1298.

V. Hébraud de Farges,
m. N...

Dieuaidé de Farges,
m. Pons de Castelnau.

IX. Jean II de Farges, 1394.

Catherine,
m. Guilhaume de Pomarède.

Raimond de Farges,
évêque d'Agen, ✝ 1881.

Aimery de Farges,
m. H. de Montpezat.

VI. Guithain de Farges,
m. Louis de Brézol, 1392.

VII. Etienne de Farges, 1360,
m. Louis de Bérard, 1382.

Elisabeth, 1394,
m. Guilhaume de Pomarède.

VIII. Jean Ier de Farges,
m. N...

IX. Louis, fils de Bérenger de Badne,
m. Aberguérud d'Azalon.

VII. Thibaud Ier de Farges
de Badne,
m. Aberguérud d'Azalon.

VIII. Louis, fils de Farges de Badne,
m. Aberguérud d'Azalon.

IX. Thibaud II de Farges de Badne, 1462-1485
m. 1474, Aberguérud de Luxembourg
et 1485, Anne de Joyeuse.

AIMERI, seigneur de Clermont, au diocèse de Lodève, doit être regardé comme le plus ancien des seigneurs de cette ville dont on puisse trouver la descendance. Il vivait vers l'an 1120. Il acheta à Pierre de Cornon-Terrail la seigneurie de Paulian, en Languedoc. — Quelques auteurs disent qu'il l'acquit par héritage (1). Quoi qu'il en soit, il donna cette seigneurie en douaire à sa femme *Aimerie*, dont le nom de famille n'a pu être retrouvé, avec les moulins et le droit de bateau en dépendant. Ladite Aimerie céda depuis à Guy-Guerrejat, l'un des fils de Guillaume IV, seigneur de Montpellier, cette même seigneurie, ainsi qu'il appert d'une donation que Guy-Guerrejat fit de cette terre en 1174, à l'abbaye de Valmagne, ordre de Citeaux, au diocèse d'Agde, où son père s'était retiré et avait pris l'habit monacal.

De son mariage, Aimeri eut deux fils :

> 1. AIMERI, qui suit ;
>
> 2. BÉRENGER GUILLEM (Guilhermi), qui rendit hommage avec son frère pour la seigneurie de Clermont, à Gaucelin, évêque de Lodève, qui s'en prétendait seigneur suzerain, en 1172 et 1184. C'est ici que l'on trouve la première trace du nom de *Guilhem*, qui fut sans doute le surnom de cette famille, ou du moins un nom de baptême qui lui devint propre en la personne du neveu de ce premier Bérenger, auquel on n'a point trouvé de postérité.

AIMERI, II du nom, seigneur de Clermont, appelé quelquefois dans les titres *Aumaulri* et *Aimar,* épousa, au mois de novembre de l'an 1182, *Marie,* sœur de Guillaume, VIII du nom, seigneur de Montpellier (2), qui la dota de cent marcs d'argent. Marie, à qui son époux assigna pour douaire les châteaux de Puy-Lachier, de Saint-Pierre d'Ameliers, etc., était fille de Guillaume, VII du nom, seigneur de Montpellier, et de Mahauld ou Mathilde de Bourgogne. Aimeri, seigneur de Clermont, donna, en 1185, à Roger V, vicomte de Car-

I

DEGR'.

AIMERIE.....

II

MONTPELLIER.
D'argent au tourteau
de gueules.

---

(1) *Noblesse du Comtat Venaissin,* par *Pithon Curt,* t. II, pag. 83.

(2) C'est par erreur que le *Laboureur,* dans son addition aux *Mémoires de Caselnau,* a dit que la maison de Clermont-Lodève descendait de celle de Montpellier. Il y a eu seulement alliance entre ces deux maisons, ainsi que l'établit la généalogie de la dernière, insérée par Du Mège dans son *Histoire du Languedoc.*

cassonne et de Béziers, la moitié du droit qu'il avait sur les mines du territoire de Cambrières, en Languedoc, et transigea avec Vidal Roger, en 1195. Il mourut en 1205, laissant entre autres enfants :

1. BÉRENGER GUILHEM, qui suit.

2. AIMERI III, seigneur en partie de Clermont, qui fut témoin à l'inféodation des seigneuries de Loupian, du Palais et de Balazuc, accordée dans le château de Najac, en janvier 1219, par Raimond, comte de Toulouse, à P. de Maize et à Pons de Caulx. Il fut excommunié la même année par Raimond de Mornay, évêque de Lodève, pour avoir refusé de lui rendre hommage, et avoir reçu dans le château de Clermont, l'agent du comte Raimond de Tou'ouse, qui voulait mettre sous sa main le diocèse ou comté de Lodève. Il fut excommunié de nouveau par l'archevêque de Narbonne, avec deux de ses frères, P. Hermengauld et Paul-Raimond de Clermont, les comtes de Cominges et de Rodez, et le vicomte de Béziers, pour avoir servi et favorisé le comte de Toulouse. Cette sentence fut prononcée à Béziers le 11 des calendes d'août 1242.

Aimeri III mourut en 1256, et eut de son mariage avec N... (le nom n'a pas été retrouvé), marquise de Clermont, qui épousa Pierre de Lauran et qui fut comprise parmi les nobles de la sénéchaussée de Carcassonne, qui demandèrent par une requête datée de Nîmes, du commencement de l'an 1256, les biens qui avaient été confisqués sur leurs parents; cette requête était adressée à Gui Fulcodi, qui depuis fut pape sous le nom d'Innocent IV, et à Pons Astoard, commissaire du Roi en Languedoc, pour la restitution au domaine des biens mal acquis, pendant les troubles de cette province.

3. P. HERMENGAULD DE CLERMONT et

4. RAIMOND DE CLERMONT furent tous deux excommuniés avec leur frère Aimeri, pour avoir suivi le parti de Raimond VI, comte de Toulouse, leur souverain, le 12 des calendes d'août 1242. Il eut pour fils :

LAUZIÈRES.
D'argent au buisson d'osier de sinople.

    1.) *Aimeri* ou *Meric Guilhem*, co-seigneur de Clermont de Lodève, qualifié de chevalier et baron, qui fut père entre autres enfants d'Agnès Guilhem, mariée à Rostain, seigneur de Lauzières.

    2.) *Rostaing Guilhem*, seigneur de Ceyras, chevalier, qui n'eut qu'une fille, Marguerite-Anne de Ceyras, laquelle épousa, le 13 avril 1344, Raimond de Lauzières, II du nom, seigneur de Montagnac, Conas, Ginac et Lauzières.

5. GUILLAUME (ou GUILHEM), qui fit l'acquisition de la seigneurie de Fargues ou Farges, en Guienne, et assista à la septième croisade, ainsi que cela est établi par la charte de Damiette de 1249 (1). Il mourut

_____

(1) *La Noblesse de France aux Croisades*, par *P. Roger*, pag. 256.

vraisemblablement sans enfants, et légua sa seigneurie de Farges à son frère aîné Bérenger Guilhem, ou au fils de ce dernier.

BÉRENGER GUILHEM, chevalier, seigneur de Clermont, fut substitué aux enfants du second lit de son oncle Guillaume, seigneur de Montpellier, conjointement avec Raimond Gaucolin, seigneur de Lunel, et Raimond d'Anduze de Roquefeuil, ses cousins germains maternels, par son testament du 4 novembre de l'an 1202, dans lequel Guillaume de Montpellier le qualifia *Bérenger Guilherm, son neveu, fils d'Aimeri, chevalier, seigneur de Clermont, et de Marie, sa sœur*. Mais cette disposition fut cassée et annulée, attendu que les six enfants que Guillaume avait eus d'Agnès, du vivant d'Eudoxie Comnène, son épouse, fille de l'empereur de Constantinople, furent déclarés bâtards et adultérins, et exclus de la succession paternelle, qui fut adjugée à la princesse Marie, fille unique du premier lit ; cette dernière fut mariée dans la suite avec Pierre, Roi d'Aragon, à qui elle porta en dot la ville de Montpellier, le 17 des calendes de juillet 1204. Pour revenir à Bérenger Guilhem, il fut témoin à la vente de la moitié des droits de pêche, de chasse et de chauffage, dans l'étendue de la paroisse de Saint-Paul de Frontignan, faite à Guillaume de Montpellier, son oncle, par Gaucelin, abbé d'Aniane, le 1er juillet de l'an 1202 ; il est qualifié dans cet acte *B. G. de Clermont*, chevalier (1).

CLERMONT.
Fascé de gueules et d'or au chef d'hermine.

Il souscrivit, avec Dieudonné, seigneur de Boussargues, Guillaume de Lodève, Geoffroy, seigneur de Faugères, Pons de Thézan et Pons d'Olargues, deux chartes dont l'une est datée de Saint-Tibère, et l'autre de Béziers, le même jour, 7 avril 1247, par lesquelles Trencavel, vicomte de Béziers, cède au Roi Saint Louis les vicomtés de Béziers et de Carcassonne, et tous ses titres et seigneuries, et promet de se croiser, après avoir été absous de l'excommunication par lui encourue à cause de l'hérésie albigeoise. Les titres domestiques lui donnent pour femme *Hélène de Clermont*, qui était vraisemblablement sa parente. Il eut pour contemporains :

Don Guilhem, l'un des barons du Languedoc, en 1283 ;

_____

(1) *Pithon Curt*, pag. 88.

Et Arnauld Guilhem, chevalier, qui jouissait de six cents livres de rente sur le trésor du duché de Guyène (1).

Bérenger Guilhem mourut vers 1252. De son mariage il eut un fils :

BÉRENGER GUILHEM, qui suit.

IV

Goru.
D'or à trois fasces de gueules.

BÉRENGER GUILHEM, III du nom, fut maintenu, après la mort de son père, dans la possession de la seigneurie de Clermont, sur l'offre qu'il fit d'en rendre hommage au Roi, en vertu d'une ordonnance de Louis, fils aîné de France, régent du royaume, datée de Paris et adressée au sénéchal de Carcassonne, au mois d'avril de l'an 1252. Il fut appelé avec Guillaume de Lodève, Pierre de Clermont et les autres barons du Languedoc, à l'assemblée des États de la Provence, tenus à Carcassonne et à Béziers, par ordre de Guillaume de Cohardon, chevalier, sénéchal de Carcassonne, et de Geoffroy d'Avoysse, chevalier, viguier de Béziers, lieutenant auxdites sénéchaussées, le 7 des calendes d'août 1269, et le 17 septembre 1271. Il épousa une sœur (2) de Bertrand de Goth, qui fut depuis pape sous le nom de Clément V. Mathilde était fille de Bérauld de Goth, seigneur de Vilhandreau, au diocèse de Bordeaux, d'Uzelle au diocèse de Bazas, et de Grayon en Guyenne, et d'Ide, dame de Blanchefort, etc.... Il eut de ce mariage, célébré en 1249, une nombreuse et il ustre postérité :

1. BÉRENGER GUILHEM, IV du nom, mort sans enfants, à ce que l'on croit (3), transigea avec ses vassaux de Clermont, sur les droits que lui, Dieudonné et Raimond Guilhem, ses frères, avaient dans la ville de Clermont, et leur rendirent le privilège d'élire des consuls et des syndics,

_____

(1) *Besse, Histoire du diocèse de Narbonne, et Batillet, Recueil des Traités de paix avec l'Angleterre.*

(2) Une généalogie imprimée de la maison de Goth la nomme Mathilde, et d't qu'elle fut mariée, en premières noces, avec Renaud de Durfort, damoiseau, seigneur de Bajaumont, dont le fils Henri de Durfort fut substitué aux seigneurs de Duras, de Puy-Guilhem et de Montségur par Bernard de Goth, son oncle maternel, le 19 mars 1325. Au reste, la généalogie de Duras, inscrite dans l'*Histoire des grands officiers de la Couronne*, appelle cette femme d'Armand de Durfort, Marquise et non Math lde.

(3) Cependant, d'après une généalogie de la maison de Narbonne, Bérenger Guilhem, seigneur de Clermont-Lodève, eut, de son mariage avec Helix de Houssagues, trois filles, nommées Naude ou Aude, Isabelle et Alasacie, mariées, la première, avant 1325, avec Amauiri de Narbonne, deuxième du nom, baron de Taleyran, la seconde, vers 1340, avec Aimeri de Narbonne, seigneur de Pérignan, frère du précédent (d'un second lit ; et la troisième, avec Déodat de Caylus.

dont ils avaient été privés pour cause de désobéissance et de rébellion envers leurs seigneurs. Cet acte fut passé solennellement dans la ville et en présence de la communauté de Clermont, et reçu par Raimond Rousselli, notaire de Béziers, et Bernard Chairmarc, notaire de Carcassonne, le 20 juillet 1347.

Bérenger de Guilhem, seigneur de Clermont-Lodève, représenta au parlement tenu à Paris, à la Toussaint de 1282, que l'évêque de Lodève, dont il était vassal, l'avait cité d'un côté à sa cour, et lui avait ordonné de le suivre dans ses *chevauchées*, tandis que, de l'autre, le sénéchal de Carcassonne le soumettait aux chevauchées de la sénéchaussée, en raison du château de Clermont, et qu'ainsi il suppliait le Roi de déclarer devant laquelle de ces deux juridictions il devait répondre et plaider. Le parlement ordonna que le sénéchal déciderait la question, en présence de l'évêque de Lodève et du procureur du Roi (1).

2. DIEUDONNÉ GUILHEM, co-seigneur de Clermont, intervint dans la transaction passée par son frère Bérenger avec leurs vassaux de Clermont en 1367. Il eut deux enfants :

APCHIER. D'or à la tour de gueules et deux hallebardes adossées d'azur sortant des créneaux.

1.) *Arnaud Guilhem*, seigneur de Clermont, marié par contrat du 8 avril 1391, avec *Marie d'Apchier*, sa parente, fille de Raimond, seigneur de Saint-Alban, de Calvisson et de Bourguine de Narbonne. Il mourut sans enfants, et laissa ses biens à sa sœur.

2.) CATHERINE GUILHEM, mariée à *Pons de Castelnau*, II du nom. Elle porta la seigneurie de Clermont dans la maison de Castelnau, éteinte en la personne du fils unique de Louis Guilhem de Castelnau, comte de Clermont et marquis de Seissac, et de Jeanne-Thérèse-Pélagie d'Albert de Luynes, qu'il laissa veuve le 25 avril 1705.

CASTELNAU. D'azur au château ouvert d'argent crénelé et maçonné de sable, sommé de trois donjons avec leurs girouettes.

3. RAIMOND DE FARGES (ou Fargis), chef de la branche aînée de la maison de Farges, dont la mention viendra ci-après.

4. RAIMOND-GUILHEM DE FARGES, DE BUDOS, chef de la branche qui a porté ce dernier surnom, dont la mention viendra ci-après.

5. RAIMOND-GUILHEM DE FARGES, trésorier et doyen de l'église cathédrale de Bayeux, y bénit la chapelle dédiée à saint Jean, par Jean le Moine (2).

Il fut créé cardinal-diacre du titre de Sainte-Marie-la-Neuve (3), par le pape Clément V, son oncle, dans la promotion du 19 septembre 1310.

(1) *Histoire du Languedoc*, par *Ed. Du Mège*, liv. XXVII, pag. 206.

(2) *Gallia christiana nova*, t. XI, col. 400.

(3) Cardinal-prêtre du titre de Sainte-Pudentiane, au Viminal, suivant *Frizon*, dans sa *Gallia purpurata*, pag. 276.

Il naquit à Bordeaux, suivant Ciacconius, Onuphre et Aubery (1), qui ne rapportent aucune preuve de cette origine et semblent s'être copiés en cela. Il fut employé par le pape à réunir les Guelfes et les Gibelins qui désolaient alors l'Italie, du temps de l'empereur Louis de Bavière qui soutenait les Gibelins, ses partisans, et de Robert d'Anjou, roi de Naples, qui défendait contre lui les Guelfes, partisans du souverain pontife. Il fut nommé exécuteur du premier testament de son frère Raimond-Guilhem de Farges, alors seigneur de Budos, fait le 19 avril 1323, et nommé tuteur d'Anne de Budos, sa petite-nièce, fille unique d'un autre Raimond-Guilhem, son frère du second lit, par son testament du 7 avril 1334. Il fut aussi l'un des exécuteurs des dernières volontés de Béraud de Farges, évêque d'Alby, son frère, suivant un procès-verbal de l'an 1335, concernant le prieuré de Farges. Le pape Clément V, son oncle, lui donna pour juge dans toutes les affaires qu'il pouvait avoir, l'évêque de Toulouse, et cette attribution donna lieu à quelques difficultés sous le pontificat de Jean XXII, lors de l'érection de l'évêché de Toulouse en archevêché. Ces difficultés furent levées à l'avantage du cardinal de Farges. Il mourut le 5 octobre de l'an 1346 (2). On présume que c'est lui qui fit bâtir le château de Fargis, appelé communément Fargues, à une lieue d'Avignon, et dans le territoire d'Entraigues, seigneurie appartenant à son frère Raimond-Guilhem de Farges de Budos, du chef de Cécile de Baux, sa seconde femme (3).

Les armes du cardinal de Farges, enregistrées par Chevillard (4), étaient : *party d'or, à trois fasces de gueules, et d'argent.*

6. BERNARD DE FARGES, né en 1280, fut d'abord archidiacre de l'église de Beauvais. Il n'avait que vingt-cinq ans lorsque le pape Clément V lui écrivit une lettre datée de Lyon, du 4 des calendes de février 1306, la première année de son épiscopat; par cette lettre, après avoir fait l'éloge de ses belles qualités, il lui fait la promesse de l'élever à de hautes dignités ecclésiastiques, s'il veut s'engager dans les ordres sacrés (5). En effet, ce pape ne tarda pas à l'élever à l'épiscopat; car il lui donna la même année l'évêché d'Agen, suivant une lettre écrite de Saint-Cyr, près Lyon, le 5 des calendes de mars, aux vassaux de l'église d'Agen. Dans cette lettre, il fait les plus grands éloges de l'esprit et des

(1) *Histoire générale des Cardinaux*, par Aubery, t. I, pag. 405.

(2) Le testament de Béraud de Farges établit d'une manière certaine que le cardinal n'était pas mort en 1314, comme le disent *Aubery, Duchesne*, dans leur *Histoire des Cardinaux français*, pag. 373 et 374; *Frizon*, dans sa *Gallia purpurata*, et *Ciaconius*, dans ses *Vitæ pontificum et cardinalium*, t. II, col. 331.

(3) Le château de Fargues existe encore, et appartient actuellement au marquis de Chabannes.

(4) *Science du blason*, par *Chevillard* (planche des papes et cardinaux français de naissance. — Voir, pour son sceau, page 91.

(5) *Gallia christiana nova*, t. II, col. 923-924.

talents de Bernard de Farges, et leur notifie qu'il le leur donne pour évéque, à la place de Bertrand de Goth, son frère, nommé à l'évêché-pairie de Langres.

Quelques mois après, Bernard de Farges passa à l'archevêché de Rouen (2), et le siège d'Agen fut rempli de nouveau par son oncle, Bertrand de Goth. Sa jeunesse et fougue — *juventutis suæ insolentiam* (1) — ne tardèrent pas à créer entre lui et la noblesse de Normandie, des rapports tellement tendus, que sa situation en devint très-difficile (3). Aussi, en 1311, son oncle le fit permuter avec Giles Aicelin, archevêque de Narbonne. C'est en cette dernière qualité qu'il présida aux États de Languedoc, tenus à Toulouse en 1312, avec Amanévus II, d'Armagnac ou Amanieu d'Armagnac, archevêque d'Auch, et qu'il fut employé pour exécuteur du premier testament de Raimond-Guilhem, son frère, du 19 avril 1323, et pour tuteur d'Anne de Farges de Budos, sa petite-nièce, le 7 août 1334. Il fonda, en 1318, le collège de Narbonne, dans la rue de la Harpe, à Paris, pour neuf boursiers et un prêtre qui devaient être du diocèse de Narbonne. Il donna, pour leurs frais de logement et leur entretien, la maison et les prieurés de la Madeleine, près le mas d'Azel, et de Notre-Dame de Marseille, près de Limoux (4).

En 1320, il fonda un chapitre en l'honneur de saint Étienne, dans le faubourg de Villeneuve, à Narbonne; ce chapitre fut plus tard (1637) transféré dans l'église de Saint-Sébastien de la même ville, par Jean d'Harcourt, l'un de ses successeurs.

Les titres domestiques disent que le roi Philippe le Long l'employa dans les affaires qu'il eut avec le comte de Flandre, au sujet de l'hommage de cette province, différend qui fut cause de grands troubles, par suite du refus et de l'opiniâtreté du comte; mais cette négociation ne réussit pas. Il autorisa, conjointement avec Cécile de Baux, sa belle-sœur, un acte du 13 avril 1325, par lequel André de Farges, seigneur de Budos, son neveu, promit de satisfaire à un des articles du testament de son père; il fit son propre testament le 23 avril 1341, par lequel il fit un legs de 100 livres à Amanieu de Budos, son neveu, etc.

Il fut enterré dans le chœur de l'église primatiale de Narbonne, dans un tombeau de marbre, sur lequel on voit ses armes écartelées, au 1-4 d'argent, à la croix pattée de gueules; au 2-3, d'or au pot de sable; sur le tout d'or, à trois fasces de gueules, qui est de Goth, à cause de Clément V, son oncle. *(Voir, pour son sceau, page 91.)*

---

(1) *Gallia christiana nova*, t. XI, col. 75 et 76. — Aussi, *Vitæ paparum Avenionensium*, par *Baluze*, t. I, col. 1415 et 1416.

(2) *Chroniques de Guillaume Nangis*, t. XI, pag. 638.

(3) *Recueil des historiens des Gaules et de la France*, t. XXIII.

(4) *Gallia christiana nova*, t. VI, col. 27, 28 et 29.

Il avait fait don à l'église primatiale de Narbonne de sa mître, de sa crosse, et d'une chapelle pour l'entretien de laquelle il légua une rente de 25 livres ; il destina une somme égale à l'entretien de chacune des deux autres chapelles qu'il avait fondées.

7. AMAMIEU OU AMANÈVE DE FARGES, fut élu évêque d'Agen (1) en 1313, et gouverna cette église jusqu'en 1357. Le pape Jean XXII lui écrivit le 7 des ides de juillet 1316, ou 1317 (suivant la manière de compter), pour l'engager à mettre d'accord Amanieu d'Albret et Sanseverin de Pins, qui étaient alors dans de fort mauvais termes. Il fit, en 1316, des règlements concernant la fabrique de la monnaie d'Agen.

Il fut nommé exécuteur du premier testament de Raimond-Guilhem de Farges, seigneur de Budos, son frère, du 19 avril 1323, et de celui de Bernard, archevêque de Narbonne, son autre frère, du 23 avril 1341. Enfin, le dernier acte qu'on a de lui est une permission accordée aux consuls d'Agen, de bâtir une chapelle dans l'enceinte de la maison commune de cette ville, en 1348.

8. BÉRAULD DE FARGES, évêque d'Alby (2), prêta serment de fidélité, après son élection, au roi Philippe le Bel, le 12 mars 1314, et obtint de ce prince des lettres de rémission pour avoir porté les armes contre Amblard de Protan, ignorant qu'il fût en la sainte garde du Roi. Ce prince lui demanda, le 19 juillet de la même année, sa quote-part du subside imposé contre Robert, comte de Flandres, et le somma, par des lettres du 17 août suivant, de se trouver en chevaux et en armes dans la ville d'Arras, le jour de la nativité de la Vierge, pour servir dans l'*ost* (armée) de Flandres.

La Faille dit qu'il prit avec beaucoup de zèle le parti du Roi dans l'assemblée des États de Languedoc tenus à Toulouse, en 1313, sous la présidence de Bernard de Farges, son frère, archevêque de Narbonne, au sujet des nouvelles impositions que ce prince demandait pour subvenir aux frais de la guerre.

Le dimanche après la Saint-Barnabé de l'an 1316, il reçut l'hommage des consuls d'Alby, et fut absous le 13 des calendes de décembre de la même année, par le pape Jean XXII, des censures qu'il avait encourues, à ce que l'on croit, pour n'avoir pas payé exactement le revenu attaché aux huit dignités fondées dans son église, lors de sa sécularisation. Le même pape lui permit, en 1317, de conférer les bénéfices vacants dans son diocèse à la nomination du Saint-Siège.

Il acheta la même année, 1317, de Pictavin de Montesquiou, fils de Sanche et de Barrave du Puy, les droits qu'il avait dans le village de Marsac,

---

(1) *Gallia christiana nova*, t. II, col. 924.
(2) *Gallia christiana nova*, t. I, col. 24 et 25.

et consentit en ce temps-là au démembrement qui fut fait de son diocèse pour l'érection de l'évêché de Castres. Il donna, le 11 mars 1319, en qualité d'inquisiteur de la foi dans le royaume de France, l'absolution aux habitants de la ville d'Alby de l'excommunication qu'ils avaient encourue pour leurs violences envers Bernard de Castanet, leur évêque. On voit par des lettres d'Aimeri du Cros, sénéchal de Carcassonne et de Béziers, du jeudi avant la Saint-Vincent, 1320, que ce prélat avait armé des gens de pied et de cheval, pour apaiser la guerre qui s'était allumée dans son diocèse, au sujet du château de Lombers. Il eut des démêlés avec Arnaud, abbé de Gaillac, et Guillaume, archevêque de Bourges, qui furent terminés à l'amiable, le 21 novembre 1322 et le 10 novembre 1324, par Pilefort de Rabasteins, et Jean de La Motte, damoiseau, châtelain de Montréal.

Le 19 avril 1323, il fut nommé exécuteur du testament de son frère Raimond-Guilhem de Farges, seigneur de Budos, sous le nom seul de Bérauld, évêque d'Alby.

Il eut souvent des contestations avec le sénéchal de Carcassonne, et son lieutenant, sur la haute justice qu'il avait dans la ville d'Alby, ce qui l'obligea d'avoir recours au roi Philippe de Valois, lequel, par lettres patentes du 17 mai 1331, reconnut les droits attachés à son église.

La dernière année de son épiscopat, c'est-à-dire en 1333, il fonda dans la ville d'Alby le prieuré de Notre-Dame-de-Farges, auquel il unit les églises des Armets, près du Puy-Bigon et de Saint-Marciane, près de Lescar, pour l'entretien de quatre chapelains qu'il y établit. Ce prieuré fut depuis réuni au monastère de l'Annonciade, de la même ville, appelé communément le monastère de Fargues, par corruption.

Ce prélat mourut en 1333 ou 1335, et fut inhumé dans l'ancienne église cathédrale, après avoir fait de grandes libéralités aux pauvres et aux églises de son diocèse, et notamment à la nouvelle église cathédrale d'Alby, pour la construction de laquelle il laissa une grande somme d'argent (1). C'est apparemment en mémoire de cette pieuse libéralité que l'on a mis ses armes sur une des plus belles vitres de cet édifice, représentant un écu écartelé au 1-4 d'argent, à la croix pattée de gueules, au 2-3 d'or, au pot de sable. On voit le même écusson au pied de la statue d'argent qui a été transportée du prieuré de Notre-Dame-de-Farges, dans l'église du monastère de Fargues, mais les émaux sont différents, c'est-à-dire au 1-4 de gueules, à la croix pattée d'or, au 2-3 d'or, au pot d'azur.

9, 10 et 11. RAIMOND, PIERRE et ARNAULD-GUILHEM, morts sans postérité.

---

(1) Voir le testament de Berauld de Farges, aux Pièces justificatives, page 103.

12. GALLARD, fut nommé 25ᵉ évêque de Bazas en 1334 (1); il fit son testament le 23 avril 1341, et nomma son frère Bernard son exécuteur testamentaire. Il mourut vers l'an 1345.

---

(1) *Gallia christiana nova*, t. I, col. 1206.

BRANCHE DES SEIGNEURS DE BUDOS

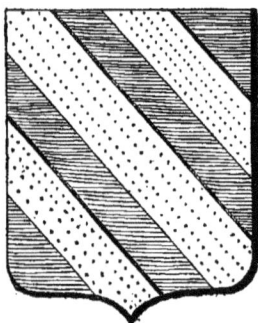

D'azur à trois bandes d'or.

RAIMOND-GUILHEM DE FARGES, chevalier, troisième fils de
Bérenger, IIIe du nom, seigneur de Clermont-Lodève, et de Marquise
ou Mathilde de Goth, fut nommé recteur ou gouverneur de Bénévent,
par le pape Clément V, son oncle maternel, le 7 avril 1307. Le roi
Édouard d'Angleterre lui fit don de la seigneurie de Budos, au diocèse de Bordeaux, en toute justice, par le ministère de Gauthier, évêque
de Wincester, de Jean de Bretagne, comte de Richemont, et d'Aimar
de Valence (Lusignan), comte de Pembroke, ses agents et commissaires

à la cour du pape, sous la réserve de l'hommage lige aux ducs de Guyenne, et la redevance annuelle d'une lance neuve à fer doré, par lettres données à Avignon le 15 mai 1309, en présence de Jean, évêque de Norwick, de Boniface de Saluces, archidiacre, de Robert, fils de Payen, maître d'hôtel du Roi, de Guy de Ferres, écuyer du duc de Guyenne, d'Amanieu, sire d'Albret, d'Othon de Caseneuve, de Jean Poselli et d'Arnauld de Campena, chevaliers. Cette investiture fut depuis confirmée par le Roi Philippe le Bel, à Paris, au mois de juillet 1311 (1).

Le pape Clément V lui donna, par un bref daté du prieuré de Granzel, près de Malaucène, le 16 septembre 1309, la charge de recteur et maréchal de l'Eglise romaine au comté Venaissin (2).

Il donna l'année suivante, en cette qualité, une commission à Guillaume, évêque d'Orange, pour réparer les torts dont les barons de la paroisse se plaignaient, ce que celui-ci exécuta par une ordonnance rendue dans le château de Mornas, le 19 novembre 1315, dernière année du gouvernement de Raimond Guilhem. Son successeur fut Arnaud de Trians, maréchal de l'Eglise romaine dans le comtat, après lui ; il obtint cette charge du pape Jean XXII, son oncle, en 1316.

Raimond acheta, par acte passé devant Guérin de Tillères et Jacques Nicolas de Garcine, notaires, le 14 août 1310, d'Aimar de Poitiers, comte de Valentinois, les châteaux et châtellenies de Lauriol, au diocèse de Carpentras, et par un autre contrat passé devant André et Pierre Teyssonnier, notaires d'Avignon, le 10 février 1321, il fit l'acquisition de la baronnie de Portes-Bertrand (3), au diocèse d'Uzès, appartenant à Guillaume de Randan-Polignac, seigneur de Luc, etc.

Le 24 juillet 1314, Raimond-Guilhem de Farges, baron de Budos, et Bertrand de Goth, vicomte de Lomagne et d'Auvillars, son cousin,

---

(1) *Histoire de la Noblesse du comtat Venaissin*, par *Pithon Curt*, t. II, pag.

(2) Voir les *pièces justificatives*, page, 101.

(3) La baronnie de Portes-Bertrand était une seigneurie d'une très grande étendue, située en Vivarais ; elle consistait en six mandements, avec environ quarante paroisses qui en dépendaient. Ces mandements étaient Portes, Servières, Dezes, Saint-Germain-de-Calbert, Belle-Coste et Genoillac, que les seigneurs de Budos ont possédé avec toute justice et tous droits, même celui de se faire suivre à la guerre par tous les gentilshommes, leurs vassaux, au nombre de plus de cinquante, possédant fiefs mouvant de la seigneurie de Budos. (*Pithon Curt.*)

entrèrent dans la ville de Carpentras, à la tête d'une troupe de gens de guerre, tant à pied qu'à cheval, qu'ils avaient levés dans leurs terres de Gascogne, sous prétexte d'emporter le corps du pape Clément V, leur oncle, qui y avait été porté. Ils pillèrent la ville, y mirent le feu en plusieurs quartiers, et firent tant de violences aux cardinaux assemblés dans le conclave qu'ils les obligèrent d'en sortir. Les cardinaux italiens, qui étaient le principal objet de la haine et du courroux de ces deux seigneurs, furent contraints d'abandonner la ville de Carpentras, et de se sauver au péril de leur vie. Le pape Jean XXII, successeur de leur oncle, leur fit faire leur procès en 1320, et sembla vouloir les traiter comme coupables des plus grands crimes, moins pour avoir dissipé le conclave et causé des dommages immenses aux habitants de Carpentras, que pour avoir enlevé du trésor de son prédécesseur, 300,000 florins destinés aux frais d'une croisade contre les infidèles de la Terre Sainte. Mais, après une procédure qui dura plus de deux ans, le vicomte de Lomagne reconnut qu'il avait pris 200,000 florins, et s'en excusa en invoquant l'ordre que son oncle lui avait donné d'employer cette somme en aumônes et œuvres pies. Sur quoi le pape Jean XXII lui accorda une bulle d'absolution, le 11 juillet 1321.

Raimond Guilhem de Farges se soumit au jugement et à la volonté de ce même pape, le 5 mars 1333, au sujet du différend qu'il avait eu avec Louis de Pierre-Grosse, procureur général du comté Venaissin, pour la perception de quelques rentes de la province.

Il fut marié trois fois : 1° avec *Esclarmonde de la Motte*, dont on n'a pas retrouvé l'acte de mariage, mais dont le nom est mentionné dans son premier testament; 2° par contrat passé dans le château de Brayes, au diocèse de Viviers, le 28 décembre 1314, devant Raimond Tarani, notaire de Baux, par le conseil et en présence d'Aimar de Poitiers-Valentinois, de Bertrand Moïssy, damoiseau, seigneur d'Astefort, de Bertrand de la Motte, damoiseau, d'Assal de Farges, chevalier, ses parents et alliés, avec *Cécile* dite *Rascasse de Baux*, à qui Barral et Agoult de Baux, ses frères, donnèrent pour dot les châteaux et châtellenies de Caromb et de Bédoin, au diocèse de Carpentras, et d'Entraigues, au diocèse d'Avignon, avec 16,500 livres tournois, hypothéquées sur des fonds de terre. Elle était fille de feu noble Bertrand, sire de Baux, chevalier, comte d'Avellin, etc., etc., et de Philippine de Poitiers-Valentinois. Son mari lui assigna pour douaire le château de

DE LA MOTTE.
De gueules à trois roses d'or.

2° BAUX.
De gueules à seize rayons d'argent.

6

3e BERMOND.
D'argent au lion de
gueules.

Lauriol, et se remaria en troisièmes noces avec *Laure Bermond*, de la maison de Bermond d'Anduze, qui vivait encore lors de son second testament.

Par le premier testament, qu'il fit dans le château de Budos, devant Vidal de Drano, notaire, le 19 avril 1323, et dont il nomma exécuteur Raimond, cardinal-diacre, Bernard, archevêque de Narbonne, Amanieu, évêque d'Agen et Béraud, évêque d'Alby, ses frères, Bertrand et Raimond-Guillaume de Goth et Raimond de Farges, ses cousins, il institua André, son fils aîné du premier lit, son héritier de tous ses biens situés dans le comté Venaissin et au diocèse de Carpentras, de Mende, d'Uzès, de Viviers et du Puy. Il lègue à Raimond-Guillaume, son fils aîné du second lit, les châteaux et châtellenies de Lauriol, de Caromb et de Bédouin, et 6,000 livres de rentes sur la baronnie de Portes. Il substitue ses autres enfants mâles à ses deux aînés, et leur lègue des sommes d'argent. Il lègue aussi à ses deux filles, à Artine et Assal de Farges, etc. Il veut et ordonne que ses héritiers envoient en pèlerinage à Saint-Jacques de Galice, à Saint-Antoine de Viennois et à Saint-Thibaud, deux écuyers montés et équipés, suivis d'un valet, etc.

Il fit un autre testament dans un âge fort avancé, comme il le dit lui-même, par-devant Raimond Aureoli, notaire de Mourmoiron, le 10 mai 1368, dans lequel il se qualifie de « nobilis Raymundus Guil-« hermi alias de Claromonte, miles olim rector hujus patriæ comitatis « Venaïssini... », d'après lequel il semble avoir eu d'autres femmes, après Laure Bermond; il institue son fils aîné son héritier, fait des legs à ses deux puînés et à ses filles, et veut être inhumé dans l'église de Saint-Martin de Mourmoiron, à laquelle il donne douze florins d'or.

Enfants du premier mariage :

1. ANDRÉ DE FARGES DE BUDOS, qui forma la branche des barons de Budos, et marquis de Portes, mentionnés ci-après.

2. GUILLAUME-RAIMOND DE FARGES DE BUDOS, substitué à son frère André, eut un legs de 400 livres bordelaises (1) de rente sur les biens de Bordeaux et de Bazas, à prendre sur le revenu du domaine de Saint-

---

(1) La livre bordelaise ne valait que 15 francs. Elle était en usage, non seulement dans la plus grande partie de la Guyenne, mais encore dans le Béarn et dans quelques autres provinces voisines.

(*Pithon Curt.*)

Germain, et le moulin de Jalas. Il est employé avec la qualité de prieur de Saint-Geniès (*Sancti Genii*), dans le testament de Raimond-Arnaud de Goth, seigneur de Prouillac, son cousin, en 1325.

3. BERTRAND DE FARGES DE BUDOS, substitué à ses deux frères du premier lit, eut un legs de 50 livres de rente sur les mêmes biens que son frère Guillaume-Raimond.

Enfants du second mariage :

4. RAIMOND-GUILLAUME DE FARGES DE BUDOS, damoiseau, seigneur de Lauriol, de Caromb et de Bédouin, au diocèse de Carpentras, épousa *Catherine de Narbonne*, qui se remaria, au mois d'août 1341, par contrat passé à Charolles, avec Agne de la Tour, seigneur d'Olliergues. Elle était fille d'Amaulri, II du nom, baron de Taleiran, qui lui légua 25 livres par son testament du 4 août 1325, et dont il substitua le fils aîné qu'elle pouvait avoir à ses propres enfants ; sa mère était Naude de Clermont-Lodève.

NARBONNE.
De gueules plein, écartelé de Rodez, qui est de gueules au léopard d'or.

Il fit son testament à Issy, près de Paris, dans la maison de l'archevêque de Narbonne, son oncle, qui le scella de son sceau, devant Aldebrandin Poltimani, notaire de Florence, le 7 août 1334. Il légua à Anne de Budos, sa fille unique, 4,000 florius d'or de Florence, pour la marier ; à Catherine, son épouse, 2,000 florins de la même monnaie, et, si elle veut vivre sans se remarier, il lui donne l'usufruit de ses biens, conjointement avec Cécile de Baux, sa mère, sans avoir de comptes à rendre. Il met sa fille sous la tutelle de Raimond, cardinal-diacre, de Bernard, archevêque de Narbonne, d'Agoult de Baux, chevalier, ses oncles, et de Cécile, sa mère. Il institue pour héritier Bertrand de Budos, son neveu, auquel il substitue Amaniéu, son autre frère, et à celui-ci André, son frère aîné.

5. BERTRAND DE FARGES DE BUDOS, baron de Montclus, au diocèse d'Uzès, légataire de son père de 150 livres tournois de rente, par son premier testament, du 19 avril 1323, devint seigneur de Caromb, Lauriol, Baumes et Bédouin, au diocèse de Carpentras, par la mort de son frère Raimond-Guillaume, dont le testament fut ouvert solennellement, sur sa réquisition, en présence de Durand Bonelli, juge de Caromb, par Jean de Chatel-Arnoux, notaire de ce lieu, le 4 mai 1335.

Il épousa *Catherine de Baux*, dotée de 3,443 florins d'or, fille de Guillaume, seigneur de Camaret, et de Giraude d'Ancezune, dont il n'eut qu'une fille qui suit (1). Il fit son testament à Caromb, en présence

BAUX.
De gueules à seize rayons d'argent.

(1) Il obtient, en 1337, du pape Benoît XII, la permission de se marier avec Cécile d'Uzès ; mais il n'y a pas apparence que ce mariage ait eu lieu.
(Pithon Curt.)

d'Hugues de Laval, licencié en lois, et de Giraud Athenoux, damoiseau de Baumes, et le déposa chez Jean Malbequi, notaire à Caromb, le 2 juillet 1361. Il y déclare qu'il veut être inhumé dans la chapelle de Saint Georges, qu'il a fondée en l'église paroissiale de Caromb, et après avoir fait des legs immenses aux églises et aux monastères de Carpentras et d'Avignon, et à plusieurs autres des provinces voisines, même à celles de quelques villes de Flandres, en dédommagement des pertes qu'il leur a causées pendant les guerres, il lègue à sa fille 4,000 florins, institue son héritier l'enfant mâle qu'il pourra avoir dans la suite, auquel il substitue sadite fille, et à celle-ci les moines chartreux et religieux, jacobins et augustins du comté Venaissin; il met sa fille sous la garde de Guillaume d'Artiges, notaire de Lauriol, et de Catherine de Baux, sa femme; il nomme pour exécuteurs et conservateurs de ses dispositions l'évêque de Carpentras, le prévôt de l'église cathédrale, Hugues de Laval, et François de Bourgogne, l'un prieur, l'autre sacristain du couvent des frères prêcheurs de cette ville.

1.) *Marguerite de Budos*, dame de Lauriol, de Baumes, de Caromb et de Bédoin, dont elle rendit hommage au pape, entre les mains de Guillaume Rosillac, recteur du comté Venaissin, le 23 octobre 1363, épousa *Astorgue*, baron de *Peyre*, dont le fils, Astorgue de Peyre, rendit hommage, le 24 juin 1427, pour les terres qu'il avait eues de sa mère dans le comté Venaissin.

PEYRE.
D'argent à l'aigle de sable.

6. AMANIEU DE FARGES DE BUDOS, légataire de son père pour 200 livres tournois de rente, et de Bernard de Farges, archevêque de Narbonne, son oncle, pour cent livres une fois payées, par son testament du 23 avril 1341.

7. RÉGINE DE FARGES DE BUDOS, à qui son père donna 2,000 livres bordelaises et un équipage de noces, par son premier testament, du 19 avril 1323.

8. ASTRIDE ou ASTÉRIDE DE FARGES DE BUDOS, employée dans le premier testament de son père pour 1050 livres bordelaises.

Enfants du troisième mariage :

9. BERTRAND GUILHEM, dit de CLERMONT, forma la branche des seigneurs de Sainte-Croix et de la Val Sainte-Marie, tige des barons de Pascalis.

10. DIEUDONNÉ GUILHEM, et

11. ANDRÉ GUILHEM eurent chacun un legs de 50 écus d'or, payables après la mort de leur père, par son second testament, du 10 mai 1363.

12. MARIE GUILHEM, femme de Raimond N... eut un legs de 100 florins d'or, outre ce que son père lui avait donné en contrat de mariage.

Raimond Guilhem eut, en outre, un fils naturel, *Gaillard de Budos*, à qui il donna l'entretien dans sa maison, et 100 livres bordelaises, payables par les seigneurs de Budos et de Lauriol. Gaillard eut un fils, nommé *Bernard*, qualifié vénérable dans le testament de son aïeul, du 19 avril 1323, ce qui indique qu'il était clerc en religion.

ANDRÉ DE FARGES DE BUDOS, institué cohéritier de son père par son premier testament du 19 avril 1323, eut en partage la baronnie de Budos, celle de Portes-Bertrand, et tous les autres biens situés dans le diocèse de Carpentras, de Mende, d'Uzès, de Viviers et du Puy, qui lui avaient été destinés par ce testament. Il s'engagea envers ses frères, par un acte passé devant Bérard de Châteaufort, notaire de Narbonne, le 13 avril 1325, du consentement et sous l'autorité de Bernard de Farges, archevêque de Narbonne, son oncle paternel, à se rendre dans la ville de Nîmes aux fêtes de la Pentecôte, ou à y envoyer procureur, pour donner sûreté des 600 livres de rente que son père leur avait assignées sur la terre de Regordane, acquise du seigneur de Randon.

VI

Le roi d'Angleterre étant maître de la Guyenne et en guerre avec la France, André de Farges de Budos porta les armes sous ses enseignes, soit par inclination, soit qu'il y fût contraint par la situation de ses biens, dont la plus grande partie était en Guyenne. Cependant le Roi. Philippe de Valois mit sous sa main et confisqua la baronnie de Portes qu'il fit donner par Jean de France, duc de Normandie, au dauphin Humbert, et que celui-ci vendit à Guillaume-Rogier, vicomte de Beaufort, par contrat passé devant Reboul et Justicar, notaires royaux, au mois de novembre 1345. Mais la paix ayant été conclue dans la suite, en 1360, entre le roi Jean et les Anglais, il fut stipulé, comme le dit Du Chêne (1), par un des articles du traité, que le seigneur de Budos serait remis dans la jouissance de sa baronnie de Portes, s'il revenait à l'obéissance du Roi, dans un temps fixé par cet article, et rendait l'hommage qu'il devait.

Enfin, « chargé de vieillesse et oppressé de la maladie dont il mourut, « il dit à vingt-deux enfants mâles qu'il avait, ainsi que l'on trouve dans

(1) *Histoire de la maison de Montmorency*, par *Du Chesne*, p. 448.

« un ancien registre du Parlement de Paris, *que Portes-Bertrand estoit*
« *nuement venue du Roy de France, et qu'il estoit le plus vaillant*
« *prince de tous autres ; parquoy*, il leur recommandait, *qu'ils fussent*
« *bon et leal François, et à ceux de ses enfants qui seroient bons*
« *François, il donnoit benession, et aux autres malediction, selon l'An-*
« *cien Testament.* » (1)

CARDILLAC.
De gueules au lion
d'argent couronné
d'or à l'antique,
accompagné de sei-
ze besans d'argent
mis en orle.

Il épousa *Noline de Cardillac*, et fit, en langue gasconne, son testament qui fut reçu par Arétin de Pulso, notaire, le 2 octobre 1360 ; il eut
pour enfants :

1. BERTRAND DE PORTES, qu'il institua son héritier pour les biens qu'il avait dans le Bordelais, le Bazadois, l'Agenois, les diocèses de Mende, d'Uzès et de Nîmes. Bertrand mourut sans postérité.

2. ANDRÉ DE FARGES DE BUDOS, substitué à son frère.

3. THIBAUD, qui suit.

4. GUILLAUME-RAIMOND , substitué à ses frères et à dix-neuf autres enfants, qui servirent le Roi coutre les Anglais. Il en est fait mention dans un arrêt du Parlement de Paris, du 3 mars 1383, concernant la restitution de la baronnie de Portes.

VII   THIBAUD DE FARGES DE BUDOS, chevalier, baron de Budos et de Portes, fut chambellan du roi Charles V, dont il obtint des lettres patentes, au sujet de la restitution de la baronnie de Portes, enregistrées par la Chambre des comptes de Montpellier, le 13 juin 1365. Il obtint de nouvelles lettres de Louis de France, duc d'Anjou, gouverneur du Languedoc, datées du mois d'octobre 1377 et adressées au sénéchal de Beaucaire pour être maintenu dans ladite baronnie. Enfin, après de longs débats, et des ordres réitérés du duc d'Anjou et du Roi Charles VI, du 30 janvier 1379, du 10 mai 1381, etc., l'affaire fut portée au Parlement de Paris, où le vicomte de Beaufort fut condamné, par arrêt du 12 mars 1383, à restituer la baronnie de Portes à Thibaud de Farges de Budos, qui en fut mis en possession la même année, par acte passé devant Raymond de Cremato, notaire royal.

Il obtint du Roi, en récompense des services que lui et ses frères

---

(1) *Hist. de la Maison de Montmorency*, p. 448. — Voy. notes, p. 95.

avaient rendus à la couronne de France contre les Anglais, et en indemnité des pertes qu'il avait souffertes, deux gratifications sur la recette du Languedoc, par lettres du 4 décembre 1407 et du 17 juin 1417.

On ne sait en quelle année il épousa *Marquise Manhan*, qui lui donna pouvoir, conjointement avec son fils André, alors mineur (de 25 ans), de vendre ou engager en tout ou en partie la baronnie de Portes, par acte passé au château de Budos, devant Guillaume de Vindano, notaire de Bazas, le 30 janvier 1393. Son testament fut fait le 14 mars 1395, et reçu par Gaucelin de Grosse-Rouvière, notaire.

MANHAN.

Il eut de son mariage :

    1. ANDRÉ, qui suit.

    2. MARGUERITE, dont les enfants mâles furent substitués à leur oncle, par le testament de Thibaud.

ANDRÉ DE FARGES DE BUDOS, IIe du nom, baron de Budos et de Portes, surnommé le *fléau* des Anglais, rendit hommage pour sa seigneurie de Portes-Bertrand, le 1er décembre 1424, au Roi Charles VII, dont il fut fait chambellan par lettres du 29 du même mois. La guerre continuant entre la France et l'Angleterre, André, attaché au service du Roi, par devoir et par reconnaissance, convoqua ses vassaux pour le suivre en Angleterre. Mais, quelques-uns d'entre eux ayant refusé de prendre les armes, le Roi Charles VII lui permit de mettre leurs revenus sous sa main, par lettres patentes des 7 décembre 1436 et 25 janvier 1429.

VIII

Le Roi d'Angleterre, de son côté, encore maître de la Guyenne, ne tarda pas à lui donner des marques de son ressentiment, et le traita en rebelle. Il lui confisqua sa baronnie de Budos, et en investit le sieur de la Motte, l'un de ses partisans en Guyenne ; en dédommagement, le Roi Charles VII donna à André les revenus du péage de Saint-Jean de Marvejols, en la sénéchaussée de Beaucaire, pour la vie seulement, par lettres du 30 janvier 1430. Cependant, les choses s'étant raccommodées, André fut réintégré dans sa baronnie.

Il épousa, par contrat passé devant Antoine Brugener et Etienne Marsillet, notaire à ......, au diocèse d'Uzès, le 10 mars 1433, *Cécile de la Fare*, dotée de mille moutons d'or, valant douze gros, de la monnaie d'Avignon, par Guillaume, seigneur de la Fare, son père, et de pareille somme par Almeneis, dame de Montelar, sa mère. A ce mariage

LA FARE.
D'azur à trois flambleaux d'or allumés de gueules, posés en pal.

assistèrent plusieurs gentilshommes, parents et alliés des parties, entre autres Jean de l'Orme, abbé de Condiac, Pons d'Aleyrac, baron d'Aigremont, Louis de Chaldeirac, seigneur de Laurat, Pierre d'Hautvillars, seigneur d'Allègre, et Raimond de Barjac, seigneur de Rochegude et de Saint-Julien. André et sa femme firent leurs testaments devant Étienne Tourrezi et Jean Ginhoux, notaires royaux, le 19 janvier 1446, les 29 janvier, 22 et 27 décembre 1448 et le 23 avril 1451. Ils instituèrent leur héritier leur fils unique.

> 1. THIBAUD, qui suit.

IX

THIBAUD DE FARGES DE BUDOS, II° du nom, baron de Budos et de Portes, dont il rendit foi et hommage aux Rois Charles VII et Louis XI, les 22 mars 1461 et 26 août 1485, fut pourvu de la charge de maître d'hôtel ordinaire du Roi Louis XI, le 10 janvier 1484, et obtint de Sa Majesté, en récompense de ses services, une pension de 2,000 livres sur la recette de Toulouse, par lettres du 22 août suivant, dans lesquelles le Roi le qualifie de son *conseiller* et son *chambellan*.

Il se maria deux fois. Il épousa : 1° par contrat passé au château de la Réolle, devant Georges Brognier, notaire de Saint-Ambroix en Vivarais, et en présence de Gilbert de Chabanes, grand sénéchal de Guyenne, de Claude de Montfaucon, de Robert de Basserto, sénéchal d'Agen, d'Antoine de Montfaucon, seigneur de Duras, et de Bertrand de la Motte, seigneur de Roquetaillade, le 25 novembre 1471, *Marguerite*, fille de Mondon *de Lestrange,* seigneur d'Avignac, au diocèse de Limoges, qui la dota de 1800 réaux d'or.

2° Par contrat passé devant le même notaire, et Louis de Gache, notaire de . . . ., le 3 juin 1488, il épousa *Anne de Joyeuse,* fille de Tanneguy, vicomte de Joyeuse, baron de Saint-Didier et de Maistre, chevalier de l'ordre du Camail (1), sénéchal et bailli du Lyonnais et du Mâconnais, et de Blanche de Tournon, et sœur de Guillaume, vicomte de Joyeuse, qui lui donna en dot 4,000 écus d'or. Les témoins de ce mariage furent André du Puy, seigneur de Saint-Martin, Louis de la

1ᵉʳ LESTRANGE. De gueules à deux lions adossés d'or surmontés d'un lion d'argent.

2ᵉ JOYEUSE. Parti d'or et d'azur, au chef de gueules chargé de trois hydres d'or.

---

(1) L'ordre du Camail ou du Porc-Épic fut institué par Louis, duc d'Orléans, en 1394, et aboli par le Roi Louis XII, son petit-fils, à son avènement à la couronne, en 1498.

Vernède, seigneur du Blé, Guerin, seigneur de Brison, Antoine de Salanas, seigneur de Magnas, Louis de Maison-Seule, maître d'hôtel du vicomte de Joyeuse, Amédée et Louis de Rochan, Barthelemy de Chaldeirac, fils de Louis, et Guillaume Bornet, seigneur de Rosels. Il fit son testament, reçu par Jean d'Autun, notaire, le 1er septembre 1501, en faveur de ses deux fils aînés, auxquels il substitue ses autres enfants, tant mâles que femelles, par droit de primogéniture. Il eut,

Du premier mariage :

1. JEANNE DE BUDOS, substituée à ses frères et sœurs du second lit, épousa, par contrat passé devant Jean d'Autun, notaire, le 6 octobre 1490, *Jean d'Alfier*, seigneur de Champ, en Gévaudan.

ALFIER.

Du second mariage :

2. CHARLES, institué héritier de son père pour la baronnie de Portes, dont il présenta l'hommage au chancelier du Royaume, de même que pour la baronnie de Budos, au nom de son frère Guillaume, alors mineur, le 3 mai 1503, épousa, par contrat passé à Avignon, devant Antoine Brémond, notaire de cette ville, de la licence et autorité de Louis de Joyeuse, évêque de Saint-Flour, son oncle, et en présence de Gabriel de Fougasse, de Perrinet de Parpaille, de Jacques de Tolon, de Louis des Bertons, et d'Honoré de Pluviers, le 14 mai 1520, *Hélène de Panisse*, assistée de François de Pazzi, seigneur d'Aubignan et de Lauriol, son oncle, fille de Jean de Panisse, seigneur de Jean de Vidènes et de Maligeay, viguier perpétuel d'Avignon, et d'Alizette de Pazzi, qui lui donnèrent en dot 5,250 livres tournois, y compris un legs à elle fait par Dominique de Panisse, son aïeul. Charles mourut sans enfants, et testa en faveur de Jean, devant Antonin la Caze, notaire à Rodez, le 16 mai 1531.

PANISSE.
D'azur à douze épis de millet d'or 6-4-2.

3. GUILLAUME, à qui son père donna la baronnie de Budos, mourut sans alliance avant 1515.

4. NICOLAS, substitué à ses frères.

5. JEAN, qui suit, continua la descendance.

6. THIBAUD, seigneur de Saint-Jean, héritier de son frère Antoine, testa lui-même en faveur de son frère Jean, devant Vincent Bataille, notaire de Saint-Ambroix, le 15 octobre 1560. Il n'eut qu'un fils naturel, nommé *Barthélemy*, lequel disposa de ce qu'il avait en faveur de son oncle Jean, par son testament, fait devant Lantegrel, notaire à Chambórigaud, le 21 novembre 1539.

7

7. **Antoine**, prêtre et prieur de Malons, substitué à ses frères, donna ses droits de légitime sur ses biens paternels et maternels à Thibaud, seigneur de Saint-Jean, son frère, par trois testaments ou donations, reçus par Bargetton, Breton et Bastide, notaires royaux, le 15 juillet 1537, 18 juillet 1540 et 14 mars 1543.

GABRIAC.
De gueules à sept losanges d'or.

8. **Madeleine**, dotée par Charles, baron de Portes, son frère, de 2,500 livres tournois, y compris un legs de son père, épousa, par contrat passé devant Michel Battaille, notaire, le 5 juin 1513, *Jean de Gabriac*, fils de Raimond, seigneur de Gabriac.

Gouys.
Écartelé au 1-4 d'or à la fleur de lys de gueules, au chef de sables chargé de trois coquilles d'argent; au 2-3 d azur à trois cors de chasse d'or virolés de même.

9. **Anne**, fut mariée du consentement de Charles, baron de Portes, son frère aîné, et de Louis de Joyeuse, évêque de Saint-Flour, son oncle, etc., par contrat passé devant Jean d'Autun, notaire à Champelaux, le 6 mai 1509, avec *Jean de Gouys*, seigneur de Puèbre et d'Entraigues, fils de Guillaume, seigneur de Gouys et de Corbières, coseigneur d'Entraigues en Vivarais.

10. **Gabrielle**, substituée à ses frères.

X

11 et 12. **Claudine** et **Simone**, mortes jeunes.

JEAN DE FARGES DE BUDOS, héritier substitué de son père, réunit les baronnies de Portes et de Budos, après la mort de ses trois frères aînés, et en rendit hommage au Roi, le 3 novembre 1533 et le 11 avril 1540. Il commanda un régiment de gens de pied (Bandes) au siège de Perpignan, ainsi que le dit Du Chêne, dans son *Histoire de la maison de Montmorency* ; il servit dans les guerres d'Italie sous le prince d'Orange et le Roi François Ier, et fut blessé à la bataille de Pavie. L'auteur d'une histoire manuscrite de la maison de Farges-Budos, prétend que Jean, baron de Portes, s'étant trouvé à la défense de Marseille, lorsque l'empereur Charles V prit cette ville, et ayant offert au prince de le servir à table, celui-ci ne le voulut souffrir, et le fit manger avec lui.

Porcellet.
D'or à la truie de sable.

Il épousa, par contrat passé à Beaucaire, devant Rostain Bellon, notaire de cette ville, et Claude Compans, notaire de Vans, en Vivarais, le 22 juillet 1535, *Louise de Porcellet*, fille de Pierre, seigneur de Meillanos et Marguerite de Picquet. Ce mariage se fit en présence de Jean Louët de Nogaret, seigneur de Cauvisson, de Jean de Quiqueran, seigneur de Vaquières, d'Antoine de Banes, seigneur d'Avéjan, de Simon de Bernis, seigneur de Saint-Julien, de Jacques Romieux, de Philippe de Varès et des consuls de Beaucaire.

Il eut de cette alliance un fils et cinq filles, et fit son testament, reçu par Vincent Bataille, notaire, le 19 novembre 1560.

1. JACQUES, qui suit.

2. MARGUERITE eut en dot 2,000 écus d'or, et fut mariée, par contrat passé au château de Teyrargues, devant Guillaume Briconet, notaire du Collet de Dèzes, le 23 février 1555, et en présence de Michel-André, chevalier, d'Antoine de Grimoard, baron de Grisac, d'André d'Albert, seigneur de Boussargues, etc... avec *Eustache de Bagnols*, seigneur de Saint-Michel et de la Roque, au diocèse d'Uzès; elle n'eut point d'enfants; et disposa de ses biens en faveur de son frère, par son testament fait devant Trenquier, notaire de Rivières, le 7 décembre 1565.

BAGNOLS.

3. GABRIELLE, dotée de mille écus d'or par le testament de son père, et de 300 livres tournois par sa mère, épousa par contrat, passé devant Guillaume Briçonet, notaire, le 11 novembre 1558, Gabriel d'*Audibert*, seigneur de *Lussan* et de Valcrose.

AUDIBERT DE LUSSAN.
D'argent au chêne de sinople entre-lacé, glandé de sinople; à la bordure dentelée de gueules; au chef de même chargé d'un cœur d'or, accosté de deux étoiles de même.

4. JEANNE, à qui son père légua mille écus d'or, et sa mère 300 livres tournois pour ses robes, fut mariée dans le château de Tyrargues, par contrat passé devant Vincent Bataille, notaire de Saint-Ambroix, le 21 octobre 1559, avec *Guillaume*, seigneur de *Prozilles*, en Vivarais, lequel donna quittance de la dot, le même jour, à Jacques de Farges de Budos, baron de Portes, son beau-frère, en présence de Jean de Balazac, seigneur de Montréal, de Guillaume de la Motte, seigneur de Viversac, d'Antoine de la Baloue, seigneur du Sers, etc.

PROZILLES.

5. FRANÇOISE, dont on n'a pas trouvé d'autre mention, fit, en faveur de sa mère, son testament, reçu par Maurice Boyer, notaire du mandement d'Alligre, le 1er juin 1567.

6. HÉLIS ou HÉLÈNE épousa par contrat passé au château de Teyrargues, devant Thomas Trinquier, notaire de Rivières, le 6 mars 1572, en présence du vicomte de Portes, son frère, *Jacques de la Coste*, de la ville de Montpellier, fils de Martial, seigneur d'Ardouet et de Paume-Saladé, au diocèse d'Uzès, qui donna à son fils le tiers de ses biens, et une maison sise à Montpellier, au pilier Saint-Gilles.

DE LA COSTE.
D'azur à une demi-croix de Malte d'argent, au chef de gueules chargé de trois étoiles d'or.

JACQUES DE FARGES DE BUDOS, baron de Portes et de Budos (1), élevé près la personne du connétable Anne de Montmorency, porta les

XI

---

(1) Il vendit cette seigneurie à Raimond de la Roque, seigneur des Imbettes, par contrat passé devant Perroy, notaire à Bordeaux, le 7 juillet 1570, et en employa le prix à l'acquisition de plusieurs terres dont il augmenta la seigneurie de Portes.

(Pithon Curt.)

armes sous cinq de nos rois. D'abord, sous Henri II, et ensuite sous François II, Charles IX, Henri III et Henri IV. Il suivit, dès l'âge de dix-huit ans, François de Lorraine, duc de Guise, dans le royaume de Naples, et y donna des preuves d'un courage prématuré, tant dans la conquête de ce royaume que dans la défense de plusieurs places dont le gouvernement lui fut confié. Au retour de cette expédition, il obtint la lieutenance d'une légion de gens de pied que Jean de Nogaret, comte de Cauvisson, eut ordre de lever dans les diocèses de Mende, du Puy et de Nîmes, pendant les troubles survenus en Languedoc. Il commanda depuis une partie des Cévennes et du Vivarais (Alaix, Saint-Ambroix, Barjac et Le Vans), tant sous les ordres du comte de Villars que sous ceux du maréchal de Joyeuse, son oncle, qui le fit successivement guidon, enseigne et lieutenant de sa compagnie d'hommes d'armes, et lui conféra, par ordre du Roi, le cordon de Saint-Michel en 1570.

Le Roi Henri III lui donna le commandement du Pont-Saint-Esprit, et une charge de gentilhomme ordinaire de sa chambre, par brevet du 6 mars 1583, et érigea, en sa faveur et celle de sa postérité, par lettres de la même année, la baronnie de Portes en vicomté, et la seigneurie de Teyrargues, en baronnie(1). Enfin, le Roi Henri IV le nomma chevalier de l'ordre du Saint-Esprit, par brevet du 9 janvier 1595 ; il en reçut le cordon la même année, après avoir fait ses preuves, suivant les statuts de l'ordre, par une enquête faite devant l'évêque de Nîmes, dans laquelle quinze témoins déposèrent unanimement qu'il était issu d'une des plus nobles et des plus anciennes maisons du Languedoc.

CLERMONT.
Du gueules à deux clefs d'argent passées en sautoir.

Il fut marié, par contrat passé devant Jean Leuzière, notaire delphinal, le 28 décembre 1571, avec *Catherine de Clermont*, fille de Claude, baron de Montoision, chevalier de l'ordre du Roi, et de Louise de Rouvroy de Saint-Simon ; il fit son testament devant Maurice Boyer, notaire, le 9 septembre 1688, et son épouse fit le sien, étant veuve, devant Jean Roure, notaire de Chambon, le 20 juin 1622. De cette alliance naquirent trois fils et quatre filles, qui suivent :

1. ANTOINE-HERCULE, continua la descendance.

(1) *Tablettes historiques généalogiques*, par *Chazot*, t. IV, pag. 44, et t. V, p. 255.

2. HENRI, comte de Saint-Prix, seigneur de Saint-Jean de Valerisole, épousa *Péronne de la Barre de la Forest*, dont il n'eut point d'enfants, et mourut en 1631.

LA BARRE.
D'or à six croissants de sable

3. BALTHAZAR, évêque d'Agde.

4. LOUISE, célèbre par sa beauté, fut fiancée à Philbert d'Urze, seigneur de Vouterol, qui fut assassiné par les ligueurs. Elle épousa : 1° par contrat passé au château de Teyrargues, devant Simon Michel, notaire de Montmeiran, en Dauphiné, et Maurice Boyer, notaire de Champelaux en Vivarais, le 16 février 1591, *Jean de Gramont*, seigneur de Vachères et de Montclar, en Dauphiné. Ce traité fut fait en présence d'Antoine de Clermont, seigneur de Montoison, de Louis de Gramont, seigneur de Saint-Benoît, capitaine de cinquante hommes d'armes, etc... Elle épousa en secondes noces, par contrat passé dans le palais épiscopal d'Agde, devant Henri Montsalveur, notaire de Pézenas, le 19 mars 1593, *Henri, duc de Montmorency*, pair et maréchal de France, et depuis connétable, veuf d'Antoinette de La Mark-Bouillon. Le connétable de Montmorency eut de Louise, sa seconde femme :

1er GRAMONT.
De gueules au lion d'or.

2e MONTMORENCY.
D'or à la croix de gueules cantonnées à chaque quartier de 4 alérions d'azur.

1.) *Henri*, II du nom, duc de Montmorency, pair, maréchal et amiral de France, qui fut marié avec *Marie-Félice des Ursins*, fille de Virginio, duc de Bracciano, et de Flavia Damascena Perretti, dont il n'eut point d'enfants. Il fut décapité à Toulouse en 1632.

URSINS.
Bandé d'argent et de gueules de six pièces au chef d'argent chargé d'une rose de gueules soutenu d'une fasce en devise d'or.

2.) *Charlotte-Marguerite de Montmorency*, qui épousa *Henri de Bourbon*, IIe du nom, dont elle eut :

I. *Louis de Bourbon*, prince de Condé, surnommé le Grand, dont descendent les princes et princesses de Bourbon-Condé.

BOURBON.
De France, au bâton de gueules péri en bande.

II. *Armand de Bourbon*, prince de Conti, auteur de la branche des princes de ce nom.

5. MARIE épousa par contrat passé devant Maurice Boyer, notaire, le 14 mars 1591, *Alexandre-Guérin de Châteauneuf* (Apchier), fils unique de Jean Gaspar, dit Séneret, baron de Tournel et de Saint-Remaise, chevalier de l'ordre du Roi, etc., dont elle n'eut point d'enfants.

CHATEAUNEUF.
De gueules à trois tours d'or.

6. MARGUERITE, fut mariée par contrat passé devant Bonnaud, notaire delphinal, le 21 août 1599, avec *César-Martin*, comte de *Desimieux*, en Dombes, baron de *Surres*, etc., conseiller d'Etat, gouverneur de Vienne et du Viennois, grand-maître des eaux et forêts, en Dauphiné, capitaine de cinquante hommes d'armes des ordonnances du Roi, nommé chevalier du Saint-Esprit, et mort avant sa réception.

DESIMIEUX.
De gueules à six roses d'argent.

7. LAURENCE, abbesse de la Trinité de Caen.

XII ANTOINE-HERCULE DE FARGES DE BUDOS, vicomte de Portes, baron de Teyrargues et de Saint-Jean-de-Valérisèle, seigneur en partie du marquisat de Genoïlhac, fut nommé, en 1610, mestre de camp de vingt compagnies de gens de pied, sous le nom de Languedoc, et conseiller d'État en 1612.

Il obtint, au mois de décembre 1613, des lettres patentes, portant l'érection du vicomté de Portes-Bertrand en marquisat, et de la baronnie de Teyrargues en vicomté (1).

Henri, duc de Montmorency, pair et amiral de France, son neveu, lui donna la vice-amirauté de Guyenne, le 26 juin 1616, dont il obtint des lettres d'attache du Roi, deux jours après. Le 10 novembre de l'année suivante, 1617, il fut fait lieutenant-général en Gévaudan, Hautes et Basses-Cévennes, et admis au nombre des chevaliers du Saint-Esprit, dont il reçut le collier dans la promotion du 31 décembre 1619 (2). Il eut, avec le duc de Rohan, commission, datée du 17 novembre 1622, de faire abattre toutes les fortifications des places occupées par les protestants.

Il fut pourvu, par brevet du 28 août 1628, du gouvernement d'Agen, et obtint, le 17 décembre suivant, l'agrément du Roi pour la charge de capitaine-lieutenant de deux cents hommes d'armes, sous le nom de la *Reine*, par la démission du duc d'Uzès, son beau-père, suivant une des clauses du traité de son mariage, passé à Uzès, devant Guillaume Barral, notaire d'Agen, et Jacques Malordi, notaire de Florensac, le 28 octobre 1628, entre lui et *Louise de Crussol*, fille d'Emmanuel, *duc d'Uzès*, pair de France, chevalier des ordres du Roi, chevalier d'honneur de la Reine, capitaine-lieutenant de la compagnie de deux cents hommes d'armes de Sa Majesté, etc.... et de Claudine Hébrard de Saint-Sulpice, qui donnèrent à leur fille la somme de 180,000 livres, y compris ladite compagnie, estimée 38,000 livres.

Il fit un testament olographe au camp devant le Ponsin, en Vivarais, le 20 mai 1628, par lequel il institua sa fille, non encore nommée et âgée seulement de quatre mois, son héritière universelle ; il fut tué au

CRUSSOL.
Fascé d'or et de sinople.

---

(1) *Tablettes historiques, généalogiques* par *Chazot*, t. IV, p. 44 et 45, et t. V. p. 255.

(2) Le *père Anselme* et *Chevillard*, dans les *Statuts et Catalogue des Chevaliers du Saint-Esprit*, le portent dans la promotion du 15 octobre 1610.

siège de Privas, au mois de mai de l'année suivante, 1629, laissant deux filles, au nom desquelles Louise de Crussol, sa veuve, à qui le Roi conserva les appointements de guidon de la compagnie d'armes, par brevet du 10 mars 1631, fit ouvrir le testamment de leur père, en la cour du sénéchal de Beaucaire et de Nîmes, en présence du duc de Montmorency et d'autres parents et alliés, le 23 juillet 1630 (1).

1. MARIE-FÉLICIE DE FARGES DE BUDOS, connue sous le nom de demoiselle de Portes, ne contracta point d'alliances, et institua son héritier universel, Armand de Bourbon, prince de Conti, son neveu à la mode de Bretagne, par son testament du 6 octobre 1691 (2).

2. DIANE-HENRIETTE DE FARGES DE BUDOS, partagea avec sa sœur l'héritage de son père, et fut mariée par sa mère, femme en secondes noces de Charles de Rouvroy de Saint-Simon, chevalier des ordres, en présence et de l'avis du Roi, de la reine, du duc d'Orléans, frère du Roi, et de toute la cour, par contrat passé devant Ogier et Le Cat, notaires au Châtelet de Paris, le 7 septembre 1644, avec *Claude de Rouvroy, duc de Saint-Simon,* pair de France, chevalier des ordres du Roi, et son premier écuyer, gouverneur de Blaye, de Saint-Germain, de Versailles, etc., frère du précédent. Elle mourut à Paris, le 2 novembre 1670, laissant trois enfants.

ROUVROY ST-SIMON. Écartelé au 1 et 4 de sable à la croix d'argent chargée de 5 coquilles de gueules, au 2 et 3 échiqueté d'or et d'azur, au chef du second chargé de 3 fleurs de-lys d'or.

COSSÉ-BRISSAC. De sable à trois fasces d'or denchées par le bas.

1.) Un fils mort en bas âge.

2.) Une fille religieuse.

3.) *Gabrielle-Louise de Rouvroy,* marquise de Portes, qui épousa, en 1663, *Albert de Cossé, duc de Brissac,* pair de France, et mourut sans enfants.

Marie-Félicie, demoiselle de Portes, devint, par cette mort, héritière de tous les biens de sa maison, et les laissa à Armand de Bourbon, prince de Conti, comme il a été dit plus haut.

(1) Voir aux notes, p. 115.
(2) Voir aux pièces justificatives, p. 109.

BRANCHE DES SEIGNEURS DE FARGES
EN PROVENCE

De gueules au lion d'argent

RAIMOND DE FARGES (Fargis), chevalier, seigneur de Mauvoisin (première baronnie du Bazadois), troisième fils de Béranger, IIIe du nom, seigneur de Clermont-Lodève, et de Marquise ou Malthilde de Goth, par suite du décès de ses deux frères aînés, morts sans posté-

rité, hérita des biens de sa famille (1), ainsi que cela est prouvé par
Artefeuil, dans l'analyse du testament de Bérauld de Farges, son
frère, évêque d'Alby, dont il fut nommé un des exécuteurs. En effet,
c'est au fils aîné, à ses héritiers et successeurs, qu'un frère qui n'a pas
d'enfants lègue ordinairement ses droits paternels, pour soutenir la
maison, en y conservant les biens; c'est de là que s'est formée la branche qui a porté seule le surnom de Fargis ou Farges (2). Or, c'est à lui
ou à ses successeurs que l'évêque d'Alby légua ses droits paternels (3).

Raimond, dont on n'a pu retrouver d'autres traces, pas plus que le
nom de sa femme, eut deux fils :

    1. GUILLAUME, qui suit.

    2. BERTRAND, écuyer, seigneur de Mauvoisin, mort sans enfants.

VI   GUILLAUME DE FARGES, chevalier, est mentionné dans le testament de son oncle l'évêque d'Alby, comme héritier, après son père, de
tous ses biens paternels. Le soin que prit Berauld de Farges, dans son
testament, de stipuler des legs en faveur de la chapelle de Notre-Dame-
de-Farges qu'il avait fait bâtir dans la cathédrale d'Alby, établit que
cet évêque lui avait donné le nom de la principale terre de sa famille,
alors fixée au diocèse de Bordeaux (4); sans cela il ne l'eût pas pris
pour le nom du prieuré qu'il fonda à Alby, en l'honneur de la Sainte
Vierge. Cette seigneurie se trouvait dans l'archiprêtré de Cernès, au
diocèse de Bordeaux, et était voisine de Saint-Romain-de-Budos, ainsi
qu'il est constaté par le démembrement des paroisses, à la fin de l'Histoire de Bordeaux, par Jérôme de Lopès, chanoine théologal de la
métropole, et dans la carte du diocèse de Bordeaux, insérée dans la
Gallia Christiana des Frères de Sainte-Marthe, imprimée au Louvre. Du

---

(1) *Archives de la Tour de Londres : Rôles gascons, Règne d'Edouard III.* Voy.
notes, p. 96 et 97.

(2) *Histoire héroïque et universelle de la Noblesse de Provence,* par *Artefeuil,*
t. III, p. 134 à 167.

(3) Raimond eut deux autres frères non mentionnés par Pithon Curt, dont l'un au
moins eut un fils, qui paraît être mort sans postérité.

(4) La commune de *Fargues* (corruption de *Farges*) est située à 12 kilomètres de
Bordeaux.

(5 La commune de *Budos* se trouve à 45 kilomètres de Bordeaux.

reste, cette filiation a été constatée avant d'avoir eu connaissance du testament de l'évêque d'Alby, découvert en 1743, par Pithon Curt, qui écrivait en 1719 que : *Jean de Farges (dont il sera question plus loin) était arrière-petit fils de Raimond de Farges, frère du cardinal de Farges, de Bernard de Farges, archevêque de Narbonne et du baron de Budos.* » Il aurait pu ajouter : *et de l'évêque d'Alby*, ainsi que nous venons de l'établir.

Nous ajouterons (1) que le legs fait à l'église de Farges, — de *Fargis*, dans le testament de l'évêque d'Alby, écrit en latin, — au diocèse de Bordeaux, est une nouvelle preuve que cette terre appartenait à la famille de ce prélat, puisqu'il n'est guère à présumer qu'un seigneur ayant des terres dans sa famille porte ses libéralités dans les paroisses des terres qui lui sont étrangères (2).

Guillaume prêta serment de fidélité au sire de Beaujeu en 1400 (3); on ignore quelle fut la femme dont il eut un fils :

1. Etienne, qui suit.

ÉTIENNE DE FARGES, né à Bordeaux, épousa *Lucie de Ricard*, d'une ancienne famille de Provence ; il laissa une nombreuse postérité, suivant une attestation de François Regnault et de Pierre Laur, consuls jurats de Bordeaux, conçue en ces termes : *Nobilis et egregius vir Stephanus de Fargis, unâ cum Luciâ Ricardâ nobili suâ conjuge, fecundissimam habuere sobolem, et obiit dictus Stephanus in hâc civitate Burdegalâ, anno Domini MCCCCXXXIX. Hoc verum esse testamatur nos, Franciscus Reginaldus et Petrus a Laureo, jurati.*

VII

RICARD.
D'or au griffon de gueules, au chef chargé d'une fleur de lys d'or.

Comme l'atteste ce certificat, Étienne mourut à Bordeaux. On ignore les noms de ses enfants, à l'exception de :

1. Jean, qui lui succéda, et qui suit.

---

(1) *Artefeuil*, t. III.

(2) On trouve à la même époque : 1° Assal ou Assaut de Farges, chevalier, qui assista au mariage du premier seigneur de Budos avec Cécile de Baux, en 1314; 2° Artime de Farges, frère ou cousin du précédent, qui est nommé dans le testament de l'évêque d'Alby, qui lui laissa cinquante livres bordelaises et cent livres de la même monnaie pour l'acquisition d'un cheval.

(3) *Noms féodaux*, par dom Betancourt.

VIII JEAN DE FARGES fut secrétaire d'État de Charles d'Anjou, Roi de Sicile et de Jérusalem, dernier comte de Provence. M. de Maynier-Francfort dit qu'il avait exercé les mêmes charges sous le règne de Réné, duc d'Anjou, prédécesseur immédiat du Roi Charles, et l'on ne sait pas positivement à la suite duquel de ces deux princes, Jean de Farges vint en Provence. Il est vraisemblable qu'il suivit le Roi Réné, puisque le même auteur ajoute qu'il accompagna ce prince dans le royaume de Naples et lui rendit de grands services (1).

Charles d'Anjou lui légua cinq cents écus d'or, en récompense de ses services, par son testament fait à Marseille, le 10 décembre 1481, dans lequel ce prince le qualifie de *son ami et fidèle secrétaire, noble Jean de Farges,* tandis qu'à Geoffroy Talamer, ce prince ne donna simplement que la qualité de secrétaire.

On ne sait en quel lieu, ni avec qui il se maria : on présume seulement que ce fut à Annonay, en Vivarais, dans le voisinage de Portes, où les seigneurs de Budos, ses parents, l'avaient attiré, et qu'il ne résida en Provence que pour y remplir ses fonctions de secrétaire d'État, c'est-à-dire depuis 1474, époque où Charles d'Anjou succéda au roi Réné, son oncle, jusqu'à la mort de ce prince, arrivée en 1481. Quoi qu'il en soit, il eut un fils, nommé comme lui (2), et une fille :

PASCALIS.
ascé de gueules et
d'or, au chef d'her-
mine.

1. JEAN, qui suit.

2. BLANCHE, mariée en 1470 à *Guillaume de Pascalis.*

IX JEAN DE FARGES, II° du nom, fit sa résidence à Annonay, suivant les titres domestiques et le testament de son fils. Il fut qualifié de noble dans les actes, ainsi que l'établit ledit testament écrit en latin,

---

(1) *Histoire de la principale Noblesse de Provence,* par *Maynier-Francfort,* p. 121.

(2) Nous ignorons si ledit secrétaire a laissé d'autres enfants ; il y a pourtant apparence qu'il a eu un autre fils qui a fait branche dans le Vivarais, et qui y a possédé des biens nobles, ce qui s'induit de l'inféodation faite par les officiers royaux de Nîmes, le 7 octobre 1583, « en faveur d'Honoré-Albert, seigneur de Luines et « et d'une isle assise sur le Rhône, vis-à-vis Codolet et Saint-Étienne-de-Sors, en « Vivarais, joignant d'un costé l'isle, et crément des hoirs à feu noble Guillaume de « Farges. »
Et comme l'Auvergne est un pays limitrophe du Vivarais, il se pourrait que M. de Farges, qui était en commerce de lettres avec le célèbre Voiture et qui résidait alors, en l'année 1683, dans l'Auvergne, fût un des descendants de celui du Vivarais.

(Artefeuil.)

...s lequel il est dit qu'il naquit à Annonay. Jean testa dans cette
lle en 1501 (1).

Il se maria deux fois : 1° avec *Jeanne de La Marck ou de La Marche
marche*); 2° avec *Catherine Monnier*; il eut pour enfants :

Du premier mariage :

LA MARCHE.
De gueules à trois
lions d'or, armés
et couronnés d'a-
zur.

MONNIER.
De gueules au che-
vron d'or accom-
pagné de trois
têtes d'aigles arra-
chées d'argent.

   1. ETIENNE, qui suit.

   2. GABRIEL, que les titres domestiques disent être retourné dans la
Guienne, dans le domicile de ses pères.

Du second mariage :

   3. MATTHÉE, mariée à Annonay, avec *Antoine de Ripiers*, fut instituée
héritière de son père, au préjudice de ses deux frères, en 1501, et
transigea avec son frère Etienne, par un acte passé à Annonay, en 1504,
par lequel elle lui céda les biens que son aïeul, Jean de Farges, secrétaire du roi Charles III, avait acquis dans le territoire de Trets, pendant son séjour à la cour de Provence. Elle garda ceux qu'ils avaient
dans le Vivarais, procédant des successions de leur père et de leur
aïeul, ainsi que tous ceux qu'ils avaient dans la Guienne.

RIPIERS.

ÉTIENNE DE FARGES, II° du nom; qualifié dans les actes noble
et fils de noble, à la suite de la perte des biens laissés à sa sœur
Mathée, par le testament de leur père, se retira en Provence, à Trets (2).

X

Il se maria deux fois : 1° En Guienne, à Guîtres, dans l'archiprêtré
de Fronsac, au diocèse de Bordeaux, avec *Liesse de Pomiers*; 2° Par
contrat passé à Trets, devant Jean Cadry, notaire, le 30 janvier 1513,
avec *Honorée Marin*, veuve de Balthazar Vergier gentilhomme de
Saint-Maximin, et fille de Pierre Marin, d'une famille noble et ancienne de Trets, cousin germain de Palamède de Forbin, surnommé
le Grand, et de Jeanne Gantelme.

Il fit son testament devant Bertrand Garnier, notaire à Trets,

1er POMIERS.
D'azur, au chef d'or
chargé d'un lion
issant de gueule.

2e MARIN.
D'argent à trois ban-
des ondées antées
de sable.

(1) On trouve vers le même temps, 1470, une Blanche de Farges, mariée avec Guillaume de Pascalis, au bourg du Thor, au comté Venaissin.

(*Pithon Curt.*)

(2) *État de la Provence dans sa Noblesse*, par *l'abbé Robert de Brancion*, t. II,
p. 50 à 53.

le 2 avril 1530, par lequel il institua ses héritiers ses enfants du second lit, auquel il substitua ceux du premier, qu'il fit ses légataires; il y fait mention de certains effets qu'il avait eus de la succession de Jean de Farges, son aïeul, secrétaire du roi Charles III. Il eut pour enfants :

Du premier mariage,

1. MICHEL, qui retourna en Guienne et s'y établit.

2. ETIENNE, établi aussi en Guienne, est le chef de la branche existant aujourd'hui. (Voyez page 69.)

3. NAUDON ou ARNAUDON, tous trois légataires de leur père avec Michel, et substitués à leurs frères du second lit, firent branche en Guyenne, et eurent les biens que leur mère possédait à Guistres.

Du second mariage :

4. JEAN, cohéritier de son père, fut d'abord maître rational en la cour des comptes, aydes et finances de Provence, dérivée de la première et grande cour des maîtres rationaux, les plus anciens officiers souverains de nos comtes de Provence, qualifiés alors *augustes* et *magnifiques*, par lettres du 10 avril et du 15 mai 1552. Il fut depuis reçu conseiller en la même cour, le . . . . . . 1555, ainsi qu'il appert par la résignation qu'il fit de cet office, le 26 juin 1570, pour avoir valeur après sa mort, à son neveu Joseph de Farges.

Il prouva, dans son inventaire de production du 20 octobre 1570, au procès qu'il avait contre Jean de Pontevès, comte de Carcès, grand sénéchal et lieutenant du Roi en Provence, sa descendance de père en fils, depuis le secrétaire son bisaïeul, et les titres domestiques ajoutent que « pour surabondante preuve de cette descendance, ce magistrat produisit l'attestation des consuls-jurats de Bordeaux. »

Il termina, en qualité d'arbitre, les différends survenus entre François de Foresta, maître d'hôtel ordinaire de M. le Dauphin, et Jean-Augustin de Foresta, conseiller au parlement d'Aix, seigneur de Trets, fils et héritier de Christophe, premier médecin du roi François Ier, et leurs vassaux, au sujet de leurs franchises, par acte passé devant Jean Tizati, notaire d'Aix, le 2 février 1554, dans lequel il est dit que les parties conviennent *aux suasions de aucuns notables personnages, mesmement de noble Jean de Farges, conseiller du Roi, et maître rational de la cour des comptes et archifs de Provence, originaire dudit Trets...* etc.

Il acheta par des actes passés devant Robert, notaire à Sainte-Tulle, et Jean Tisati, notaire à Aix, le 12 et 30 novembre 1561, et 21 novembre 1564, d'Anne de Villeneuve, vicomtesse de Foix-Meilles, et de Balthazar de Jarente, seigneur de Senas, la baronnie d'Auriac et la seigneurie de Brûe, en Provence. Il fut maintenu dans sa noblesse, par arrêt du parlement d'Aix, du mois de novembre 1569, dans lequel on voit, entre autres défenses du seigneur de Farges, qu'il prouva sa descendance depuis Jean de Farges, secrétaire du Roi Charles III d'Anjou, comte de Provence, jusqu'au 20 octobre 1368.

Il acquit ainsi, par contrat passé devant Barthélemy Catrebars, notaire à Aix, le 7 mars 1572, de Jean de Villeneuve, seigneur de Tourrette, une partie des terres de Mallignon, de Meaulx et de Seillans. Il fit son dernier testament en faveur de Joseph de Farges, son neveu, le 12 avril 1572, devant Roy, notaire, dans sa maison de campagne de Trets.

Il fonda une messe à perpétuité dans la chapelle de Notre-Dame-de-la-Victoire, en l'église des Grands-Carmes de la ville d'Aix, messe qui doit être célébrée tous les jours, à huit heures en été, et à dix heures en hiver, pour la commodité de ses parents et amis. Il mourut à Aix, en 1574, et fut inhumé dans le tombeau de sa famille, dans la même chapelle, où Joseph de Farges, son héritier et son neveu, fit graver l'inscription suivante : *Nobilissimi Johannis de Farges, regis apud provinciales in computorum camera et subsidiorum curia œquissimi senatoris, patrui patrisque potius ac mecenatis alumnus, nepos ac ejus testamentarius successor, Josephus de Farges, ejusdem senatus senator regius, novam adhuc destendo cladem, lugubre carmen hoc pro memore suo, officioque posuit, ac posteritate dicavit* (1).

5. FRANÇOIS, qui continua la descendance.

6. PIERRE, qui fut prêtre.

7. JEANNE, cohéritière de son père.

FRANÇOIS DE FARGES passa divers actes d'acquisition, d'investiture et de vente, devant Pierre Alphéran, notaire à Trets, Barthelemy Catrebars, notaire à Aix, etc., le 17 août 1559, 10 décembre 1561, 19 octobre 1568, etc. Dans un acte qu'il passa avec son frère Jean, le conseiller, en 1560 — (notaire Tisaty, à Aix) — il a signé de Fargis, tandis que son frère a signé de Farges. Ils en ont fait de même dans un autre acte passé en 1568 devant B. de Catrebars ; Étienne III, un des fils du premier lit d'Étienne II, a également signé *Fargis*, en plusieurs occasions, ce qui prouve que cette différence dans la terminaison de ce surnom n'on fait aucune dans la famille, et dans tous les temps, la prononciation en a généralement été différente.

XI

---

(1) *Pithon Curt*, t. II.

François de Farges porta également les qualités de noble et d'écuyer, ainsi qu'on le voit, entre autres actes, dans celui du 30 janvier 1580 — Nicolas Barilly, notaire à Aix) — fait après sa mort. Il mourut en 1570, dans la grande maison de sa famille, sise à Aix, au bout de la grande rue du pont Moreau, visant par devant à la place des Prêcheurs, et par derrière à la petite rue Saint-Jean (2).

CAPEL.
D'azur à une ancre d'or et trois branches de laurier liées à un anneau de même.

Il épousa, suivant une quittance de dot qu'il donna devant Pierre Alphéran, le 20 juillet 1545, *Elisabeth Capel,* ou *Capelli,* fille de Balthazar, seigneur de Carry et de Marguerite Meillori, de la ville de Marseille, dont il eut :

1. JOSEPH, qui suit.

2. JACQUES, mort à l'âge de vingt ans, officier d'infanterie dans les troupes du Roi.

3. JEAN, mort sans alliance.

XII

JOSEPH DE FARGES, baron d'Auriac, seigneur de Mallignon et de Meaulx, conseiller-maître de la Chambre des comptes, aydes et finances de Provence, reçu dans cet office après la mort de son oncle, les 20 octobre et 22 novembre 1574, fut institué héritier de son dit oncle, par son testament fait devant Charles Roy, notaire à Trets, le 12 avril 1572.

Il est qualifié seigneur de Mallignon et de Meaulx dans les actes, entre autres dans ceux du 21 mai 1576 (notaire Melchior Garnier, à Trets), 6 septembre 1577 (notaire Palayony, de la ville de Draguignan), et 30 janvier 1580 (notaire Nicolas Borrilly, à Aix). Il fut marié en

JOANNIS
D'or, au lion de sable, armé et langué d'argent, et au chef d'azur, chargé de trois étoiles d'or.

1570, avec *Marguerite de Joannis,* fille de Jean, seigneur de Châteauneuf et de la Brillane, et de François de Beccariis, de la ville d'Aix.

Il mourut en 1580, laissant deux fils et une fille en bas âge, et fut inhumé dans le tombeau de sa famille, en l'église des Grands-Carmes d'Aix.

1. JOSEPH, qui suit.

2. CLAUDE, capitaine, entretenu sur les mers du Levant, par commission du 9 mars 1608 ; directeur général des mines, en Provence, par lettres du 23 février 1609, garde de l'arsenal des galères, par brevet

(2) *Artefeuil,* t. III.

du 20 février 1613, en récompense et pour gratification de ses services, et, enfin, nommé capitaine de la galère *la Reine*, qu'il commandait longtemps avant 1639.

Il passa divers actes d'accommodement avec son frère, sur l'héritage paternel, et d'autres personnes, en 1602, 1614, 1639, etc... Il mourut à Marseille, en 1640, sans avoir été marié, après avoir servi avec beaucoup de distinction pendant 45 ans. Son corps fut transporté dans l'église des Grands-Carmes, à Aix, lieu de sa naissance, pour y être enseveli dans le tombeau de ses ancêtres, en ladite chapelle.

Il avait fait son testament à Marseille, le 20 avril 1639 — notaire Garnier — contenant des legs à la chapelle de la confrérie des pénitents, dont nous avons parlé; il y en avait plusieurs pour des hôpitaux et des églises, et un entre autres à la chapelle de Notre-Dame-d'Espérance, de l'église métropolitaine Saint-Sauveur, de la ville d'Aix, de la chaîne d'or émaillée qu'il avait rapportée du Portugal. Il institua pour son héritier universel, Annibal de Farges, seigneur, en partie, de Rousset, dont il est parlé ci-après.

3. Honorée, comprise dans des lettres du Roi Henri III, du 12 mai 1582, enregistrées le 13 janvier 1583, par lesquelles ce prince fait don, à elle et à ses frères, des droits de lods et ventes et autres, appartenant à Sa Majesté, sur les terres et seigneuries de Canaux, Gourdon, Courmettes, Valette et Aiguine, en Provence, *en considération des services à lui rendus et à ses prédécesseurs rois, par leur père et par leur oncle* (1).

JOSEPH DE FARGES, II° du nom, seigneur de Mallignon et coseigneur de Meaulx, ainsi que cela est établi par actes publics, entre autres celui du 6 septembre 1621, devant Antoine Poëte, notaire à Marseille; il y est aussi qualifié écuyer de la ville d'Aix, de même que dans l'acte du 11 novembre 1624. Il fut aussi seigneur de Thoard et de Beaucouse, en partie, du chef de sa femme.

Il épousa, par contrat passé devant Joseph Chovet, notaire à Digne, le 13 novembre 1609, *Marguerite de Bardonnenche*, d'une des principales maisons du Dauphiné : elle était fille de Gaspar, baron de la vallée de Bardonnenche, dans le Briançonnois, seigneur de Gaubert, en Provence et de Blanche de Boniface, fille de Jacques, seigneur de La Mole et de Marguerite de Pontevès de Carces, sœur du grand-sénéchal de Provence.

XIII

BARDONNENCHE.
D'argent, treillissé de gueules, cloué d'or, au chef d'or chargé d'une aigle naissante de sable.

---

(1) *Pithon Curt*, t. II.

Il eut de ce mariage :

1. LOUIS, reçu page à la grande écurie du Roi, en 1624, et marié par contrat passé à Paris, devant Morel et Turgis, notaires au Châtelet, avec *Marguerite de Tourives*, fille de Joachim, baron de Saint-Priest, en Dauphiné, chevalier de l'ordre du Roi, et gentilhomme ordinaire de sa chambre, capitaine entretenu d'une compagnie de gens à pied, dans le vieux régiment de Picardie et de Barbe-Dorrin. Il mourut sans enfants dans l'armée du Roi, commandée par le maréchal de Schomberg, en 1632.

2. ANNIBAL, qui suit.

XIV

GARNIER.
D'argent à trois chevrons de gueules l'un sur l'autre, au chef cousu d'or.

ANNIBAL DE FARGES, coseigneur du Rousset, etc., épousa par contrat passé devant Pierre Imbert, notaire de Peynier, le 19 novembre 1640, *Madeleine Garnier de Russan,* fille de Marc-Antoine, seigneur du Rousset, de Saint-Antonin et de Bayle, et d'Élisabeth d'Astoand de Murs. Par la transaction du 23 novembre 1645, passée à Aix devant Gazel, notaire de cette ville, il lui fut alloué par Gaspard de Garnier, seigneur du Rousset et de Saint-Antonin, son beau-frère, pour la dot de son épouse, en conformité de son contrat de mariage, des biens nobles, avec juridiction haute, moyenne et basse, mère, mixte, impère, sur tout le lieu et terrain du Rousset.

Il eut de son mariage :

1. JEAN-AUGUSTIN, qui suit.

CUERS.
D'azur à une fasce d'or accompagné de trois cœurs de même, deux en chef, un en pointe.

2. MARGUERITE, qui fut mariée par contrat passé devant Charles Roy, notaire à Trets, le 26 janvier 1663, avec *Thomas de Cuers,* lieutenant de galères, fils d'Honoré, conseiller du Roi, visiteur général des gabelles à Toulon, et de Jeanne Bertrand, dame de Mauvans.

SAURAT.
De gueules à la fasce d'argent chargé d'un léopard de sable.

3. MADELEINE, qui épousa *Claude de Saurat,* de la ville d'Aix, fils de Laurent, conseiller du Roi, secrétaire de la chancellerie, et depuis trésorier général et garde des sceaux à la généralité de Provence, et de Françoise de Pontevès.

XV

JEAN-AUGUSTIN DE FARGES, seigneur en partie du Rousset, etc., fut maintenu dans les privilèges de l'ancienne noblesse, sur le vu des actes et titres énoncés ci-dessus par les commissaires du Roi, députés pour la vérification des titres de noblesse, le 10 avril 1669. Dans le vu des pièces de ce jugement, il fut fait mention surabondamment de l'attestation des consuls jurats de Bordeaux, faite en faveur de la noblesse d'Étienne de Farges, Ier du nom, et de celle de Lucie de Ricard, son épouse.

Il fut forain de la communauté de Peinier, qui plaidait depuis long-temps avec les Messieurs de Thomassin, seigneurs dudit lieu, qui le prièrent d'arbitrer leur procès ; le jugement arbitral ayant été rendu, ils y acquiescèrent de part et d'autre par son entremise, ainsi qu'il est dit dans la transaction passée en conséquence le 5 décembre 1695, devant Achard, notaire à Peinier.

Il épousa, par contrat passé devant Pierre Beaufln, notaire à Aix, le 21 juin 1684, *Marguerite de Chazelles,* fille de Joseph, conseiller en la Chambre des comptes, aydes et finances de Provence, et de Blanche d'Estienne Chaussegros, de la ville d'Aix, dont il a eu :

CHAZELLES.
D'azur à la fasce d'argent, accom-pagnée de trois étoiles d'or.

    1. JOSEPH, qui suit.

    2. THÉRÈSE, religieuse au monastère de la Visitation.

JOSEPH DE FARGES, IIIe du nom, coseigneur du Rousset, etc., résidant à Trets avec son père en 1740, fut marié par contrat du 7 sep-tembre 1726, rédigé par Étienne, notaire à Trets, le 26 juillet 1731, avec *Louise Monnier,* des seigneurs *de Mélan,* en Provence, dont plusieurs présidents et avocats généraux dans les cours souveraines de Provence, fille et héritière de Jean Monnier de Mélan, seigneur de l'Isle en Berry et de Marie-Louise de Bruyère de Vaumont.

XVI

MONNIER DE MÉLAN.
D'azur à fasce d'ar-gent accompagnée de trois étoiles d'or.

Par sa médiation, la même communauté de Peinier transigea avec son seigneur et marquis, sur diverses questions qui allaient faire matière à procès, après un jugement arbitral du 5 février 1763.

Il eut de son mariage :

    1. JEAN-AUGUSTIN, qui suit.

    2. HENRI DE FARGES DE BUDOS, seigneur en partie du Rousset, ancien officier du régiment de l'Isle de France, épousa, à Aire, en Artois, par contrat passé devant Cordonier et Collart, notaires royaux, le 2 mars 1755, *Marie-Joseph de la Forge,* fille de noble Antoine-François-Louis de la Forge, seigneur de Racquinghem, en Artois, et de feue Élisabeth-Françoise de Bachelor, l'un et l'autre de très ancienne noblesse. Les filles de ces deux maisons entraient dans les abbayes fondées par les anciens comtes de Flandre, pour lesquelles on exigeait les preuves de seize quar-

DE LA FORGE.
De gueules à l'aigle d'or, accompagnée d'un demi-soleil de même mouvant du flanc dextre, coupé d'azur à trois bu-rettes d'argent, ac-compagnées d'un croissant de même, en chef, posé à l'angle dextre.

tiers (noblesse d'épée) du côté paternel et du côté maternel. La ....
de la Forge était une de celles auxquelles le Roi écrivait annuellement
pour la convocation des États généraux d'Artois.

XVII

RASTEL.

D'azur à un pal d'argent ratelé de sable, soutenu par deux lions affrontés d'or, armés et lampassés de gueules.

JEAN-AUGUSTIN II DE FARGES, seigneur en partie du Rousset, fut
capitaine d'infanterie. Il épousa *Madeleine de Rastel*, fille d'Hyacinthe
de Rastel et de Françoise Hainaud. Par acte du 2 août 1782, il vendit
la seigneurie de Rouvet, le domaine de Trets et ses dépendances à Jean-
Louis de Thomassin de Peinier, officier général de la marine. L'acte fut
passé devant Mᵉ Estienne, notaire à Trets (1).

Il eut de son mariage :

1. FRANÇOIS-ESPRIT-FRÉDÉRIC, qui suit,

XVIII

FRANÇOIS-ESPRIT-FRÉDÉRIC DE FARGES, né le 21 avril 1759,
mourut sans avoir été marié. En lui finit la branche des seigneurs de
Farges, de Provence et, par suite de cette mort, Jean-Joseph-Hyacinthe
Teyssier de Farges, dont il sera question ci-après, devint le chef de
nom et d'armes et le seul représentant de cette ancienne maison.

---

(1) Cette propriété appartient aujourd'hui à Messieurs Castelnau et Barbaroux, négociants à Roquevaire (Bouches-du-Rhône).

BRANCHE DES SEIGNEURS DE FARGES

EN GASCOGNE, EN LIMOUSIN ET DANS L'ILE DE FRANCE

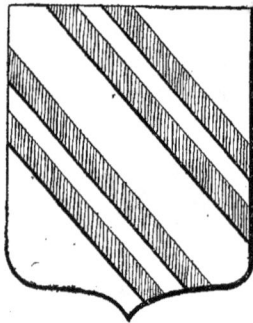

D'argent à deux jumelles de gueules posées en bande.

ÉTIENNE DE FARGES, IIIᵉ du nom, second fils d'Étienne II, et de sa première femme Liesse de Pomiers, retourna en Guienne après la mort de sa mère, et s'établit dans les terres qu'elle lui avait laissées, ainsi que ses deux frères du même lit, Michel et Arnaudon, à Guistres, dans l'archiprêtré de Fronsac.

On n'a pu retrouver le nom de sa femme; on sait seulement qu'il eut pour enfants :

1. SIMON, qui suit.

2. BERTRAND, qui fut pourvu, en 1532, de la charge d'abbé commendataire de l'abbaye de Beaulieu, en Limousin. Il jouit de ce bénéfice jusqu'à sa mort, survenue en 1560. Il laissa pour héritière *Anne des Farges*, dame de Lioux (sa sœur?), qui chercha à faire nommer un de ses neveux à la place du défunt. Elle avait même obtenu en secret des lettres royales en faveur de son protégé, mais la cour de Rome ne ratifia pas cette nomination (1).

3. MARGUERITE, mariée à *Philippe de Bornier* (2).

BORNIER.
D'azur à la borne d'argent sur une terrasse de sable accostée de deux épis d'or, au chef cousu de gueules chargé d'un soleil d'or accosté de 2 étoiles de même.

XII   SIMON DE FARGES fut nommé maître des comptes à Montpellier, par provision de 1592. Il fit l'acquisition de la seigneurie de Témelac, et testa en 1616, le 15 décembre.

Il eut pour fils :

1. JACQUES, qui suit.

XIII   JACQUES DE FARGES, conseiller du Roi, maître des comptes à Montpellier, obtint l'érection de la seigneurie de Temelac en baronnie, en 1658. Ses armoiries, ainsi que celles de son père et de son fils aîné, étaient d'azur à une rose d'argent (3).

RÉGIS.
D'or à la bande de gueules chargée d'une couronne ducale d'or.

Il eut de son mariage avec *N... de Régis* :

1. JEAN, seigneur et baron de Temelac, dont les titres de noblesse furent confirmés par jugement souverain du 28 mars 1670, sur le rapport de M. de Mirmand. Il épousa, le 14 octobre 1649, *Esther Foucard*, dont il ne paraît pas avoir eu d'enfants (4).

2. RAYMOND, qui suit.

---

(1) *Cartulaire de l'Abbaye de Beaulieu, notes et éclaircissements*, p. CCXCV, et *Gallia christiana nova*, t. II, col. 607.

(2) *Armorial de la Noblesse du Languedoc*, par Louis de la Roque (p. 220).

(3) *Pièces fugitives pour servir à l'histoire de France*, par De Baschi d'Aubais, 1er vol., 2e partie, p. 119.

(4) *Catalogue général des Gentilshommes de la province du Languedoc*, par *Henry de Caux*, p. 5.

3. N..... DE FARGES, nommé capitaine au régiment d'infanterie du cardinal de Mazarin, le 3 mars 1661, fut promu lieutenant-colonel le 14 novembre 1670, et lieutenant du Roi à Brisach, le 10 janvier 1683 (1).

Au mois de janvier 1687, il fut désigné par le Roi pour prendre le commandement des troupes envoyées dans les places données par le roi de Siam (Bangkok et Merguy). Il reçut, à cet effet, le brevet de maréchal de camp, le 26 du même mois, et celui de gouverneur de ces deux places, avec 15,000 livres d'appointements, et 4,000 écus pour monter ses équipages (2).

Il mourut en mer, en 1691, en revenant en France avec un de ses fils. Son autre fils, titulaire d'une abbaye de 5 à 6,000 livres de rente, auprès de Thouars, mourut en 1690.

RAYMOND DE RÉGIS DES FARGES (3), lieutenant particulier de la sénéchaussée d'Uzerche, épousa *Jeanne de Boyer*, petite-fille de Jean de Boyer, seigneur de la Motte-Choisy et de Rose de Grosbois, et petite nièce de Marie de Boyer, mariée le 16 mai 1621 à Antoine du Maine, baron de l'Espinasse et de la Garde-de-Bioulx, vicomte de Monterat, etc. (4). Une de leurs filles épousa François de Saint–Julien, seigneur de Farges et de Champagnac, qui fut tué en 1645 à la bataille de Nordlingen, à la tête du régiment d'infanterie dont il était colonel (5).

XIV

BOYER.
D'azur au chevron d'or accompagné de trois lys d'argent tigés et feuillés d'or, posés en pal, 2 en chef et 1 en pointe.

Raymond eut de son mariage une fille :

MARTINE, qui suit.

MARTINE DE RÉGIS DES FARGES épousa, par contrat du mois d'octobre 1683, *Jean-Blaise Teyssier de Chaunac*, écuyer, seigneur de la Combe et d'Augeat, second fils de Jean Teyssier de Chaunac, dont il a été fait mention précédemment (Voy. pag. 24). Il s'engagea, par son

XV

(1) Archives du Ministère de la guerre.

(2) *Journal du marquis de Dangeau*, t. I, p. 424; tom. II, pag. 7 et 13; t. III, pag. 247 et 297.

(3) Les titres portent indifféremment les noms de *de* Farges ou *des* Farges. Ce n'est qu'à partir de Jean-Joseph-Hyacinthe (XVIIe degré) qu'on a définitivement adopté *des* Farges.

(4) *Histoire généalogique de la Maison de France*, par le P. Anselme, t. VII, p. 700. D.

(5) Les De Régis, dont était la mère de Raymond, sont d'une fort ancienne famille de Provence.

contrat, à joindre à son nom celui de son beau-père, et à porter ses armes (1).

Jean-Blaise fit son testament le 20 juillet 1715, et mourut à Uzerche, le 10 juin 1721.

De son mariage, il eut trois fils et une fille qui suivent :

LESPINASSERIE.
D'azur à trois fasces d'or, écartelé de gueules à trois chevrons d'or.

1. RAYMOND TEYSSIER DE RÉGIS DES FARGES, écuyer, né le 14 août 1684, épousa, par contrat du 5 février 1715, *Cécile de Guillaume de Lespinasserie*, fille de Jean de Guillaume, écuyer, seigneur de Lespinasserie, et d'Anne de Caux de Chastenet. Il testa le 29 juillet 1723, et eut de son mariage deux enfants, qui suivent :

1. *Jean-Joseph Teyssier de Régis des Farges*, mort sans avoir été marié.

2. *Marie Teyssier de Régis des Farges*, femme de *N. Hugon du Prat*.

PRAT.
D'or à la fasce de sable, accompagnée de trois trèfles de sinople, 2 en chef, 1 en pointe.

2. JEAN-JOSEPH TEYSSIER DES FARGES, prêtre, docteur de Sorbonne, abbé commendataire de l'abbaye de Tenailles, prieur de Beauvais et de Chausus, puis de Sainte-Céline de Meaux (2), fut précepteur de S. A. S. Mgr le comte de Clermont. Il mourut à Versailles, le 11 mars 1737.

3. HYACINTHE, qui suit.

AUZAC.
D'argent à une bande d'azur chargée au milieu d'un besan d'or; et une bordure d'azur, chargée de neuf besans aussi d'or.

4. MARGUERITE, épousa, par contrat du 11 février 1724, *René-Philippe d'Abzac*, écuyer, seigneur et baron de Juvenie, en Haut-Limousin, fils d'Isaac d'Abzac, seigneur de la Forest, capitaine de dragons, et de Marie Joubert de Nautice.

XVI   HYACINTHE TEYSSIER DE FARGES fit en 1729 l'acquisition de la terre de Beaulieu en Brie, où il s'établit et devint par là seigneur de Beaulieu, de Pecy, de Boissy-le-Jariel et de la Grande-Fontenelle. Il avait été baptisé le 2 juin 1688, et fut d'abord écuyer de S. A. S. Madame la duchesse de Bourbon. Il obtint, le 14 septembre 1723, une commission de capitaine du régiment de Condé (cavalerie) (3).

Le 20 juin suivant, il fut reçu chevalier des ordres de Notre-Dame

---

(1) *Armorial général de France*, par *D'Hozier*, registre III, 2e partie.
(2) *Gallia christiana nova*, t. IX, col. 687.
(3) Archives du Ministère de la guerre.

du Mont-Carmel et Saint-Lazare de Jérusalem (1). Il était alors gentil-homme de S. A. S. Mgr le Duc ; il fut nommé ensuite écuyer cavalca-dour de la Reine (2) et commandant de son écurie, par lettres de retenue du 30 mai 1725.

Il épousa, par contrat du 30 juillet 1728, *Marie-Catherine Le Leu,* fille de Pierre Le Leu, écuyer, seigneur d'Olizy, de Boujacourt, de Nogent et du Chemin, conseiller du Roi, correcteur en la Chambre des comptes, et de Perrette le Large. Il mourut à Versailles, le 13 avril 1743, et sa veuve, morte en 1788, qui se remaria le 25 juin 1749 avec Jacques de Barcloulat de Salvanie, seigneur de Lissat, obtint, le 23 janvier 1748, un arrêt du Conseil d'État qui la déchargea du payement du droit de franc fief, ainsi que ses enfants qui suivent :

LE LEU. De gueules au chevron d'or accompagné de trois têtes de léopard de même.

1. JEAN-JOSEPH-HYACINTHE, qui suit.

2. PIERRE-FRANÇOIS, né à Versailles, le 26 mars 1735, fut lieutenant d'infanterie dans le régiment de Montboissier, et mourut sans avoir été marié.

3. *Jean-Joseph,* né à Versailles le 6 novembre 1735, fut nommé garde de la marine en 1751 et enseigne de vaisseau le 11 février 1756. Nommé capitaine de vaisseau, le 13 mars 1779, il remplit l'emploi de major du corps royal de la marine à Rochefort. Il se retira du service pour cause de santé, en 1786, avec le grade de brigadier des armées navales, et une pension de 4,000 livres. Il avait été nommé chevalier du Saint-Louis le 19 novembre 1773 (3).

Jean-Joseph épousa *Louise-Pauline Nicolas de Voutron,* et eut de ce mariage une fille, *Marie-Henriette-Anastasie,* qui fut mariée au *marquis de l'Ange-Comnène,* descendant de la famille des Comnène, qui ont fourni sept empereurs à Constantinople. De ce dernier mariage naquirent sept filles dont deux vivent encore : l'une, Constantine, n'est pas mariée ; l'autre, Marie-Louise, a épousé M. de Saint-Martin des Islets. Marie-Henriette-Anastasie est morte à Paris, le 26 janvier 1843 (5).

ANGE-COMNÈNE. D'azur au croissant d'argent surmonté d'une étoile de même.

---

(1) Pour être admis dans ces ordres, il fallait prouver quatre degrés de noblesse. Ce sont les preuves produites à cet effet par Hyacinthe, qui ont été insérées dans le registre III, 2e partie, de l'*Armorial de D'Hozier.*

(2) *Mémoires du duc de Luynes,* tom. I, II, IV et V.

(3) Archives du Ministère de la marine.

(4) Le marquis de l'Ange-Comnène possédait la terre de Sorlat, en Saintonge (commune de Cozes, Charente-Inférieure).

(5) Les noms et titres de M. de l'Ange-Comnène, tombés en désuétude faute d'héritier mâle, appartiennent par voie de substitution à l'aîné de la famille des Farges.

4. JACQUES-NICOLAS-CHRISTOPHE, né à Versailles, le 6 mars 1738, entra également dans la marine, comme garde de la marine, le 4 juillet 1754. Nommé capitaine de vaisseau le 13 mars 1779, il fut placé à la tête de la compagnie des gardes de la marine de Brest. Il quitta le service en 1786, pour cause de santé, avec une commission de chef de division, et une pension de 5,000 livres sur le Trésor royal. Il avait été nommé chevalier de Saint-Louis, le 28 juin 1775 (1).

Il mourut sans avoir été marié.

5. JULIENNE-MARIE-CATHERINE, née à Versailles, le 9 juillet 1739.

XVII JEAN-JOSEPH-HYACINTHE TEYSSIER DES FARGES, né à Versailles, le 25 avril 1730, fut d'abord porte-manteau de madame la Dauphine, charge qu'il exerça pendant plusieurs années. Il fut admis dans la 1re compagnie des mousquetaires de la garde du Roi en 1744, et nommé capitaine au régiment de dragons de la Reine le 20 février 1756. Lieutenant-colonel de la légion de Flandres le 8 janvier 1770, il fut réformé avec cette légion et attaché au régiment de dragons de Monsieur avec le même grade, en 1776. Il prit sa retraite en 1791 avec le grade de maréchal de camp (2). Il avait été nommé chevalier de Saint-Louis en 1763.

Comme son père, gentilhomme du prince de Condé, il ne put siéger à l'Assemblée des États de bailliage de Melun, tenue le 21 février 1789, pour laquelle il avait reçu trois assignations, comme seigneur de Beaulieu, de Pecy et de Boissy-le-Fariel.

Le 10 novembre 1793, les titres et papiers féodaux de la seigneurie de Beaulieu furent brûlés au pied d'un arbre de la liberté, ainsi que le constate un procès-verbal inscrit au registre de délibérations de la commune de Pecy. Le 27 du même mois, on voulut même brûler le château; heureusement, on s'en tint à l'intention.

Enfin, le 31 mai 1794, il fut arrêté et interné dans la maison d'arrêt de Picpus. Deux mois après, 9 thermidor-27 juillet, il fut remis en liberté, grâce à des amis dévoués. Enfin, le 20 mars 1795, il rentra en possession de ce qui restait de la seigneurie de Beaulieu, sans recevoir,

(1) Archives du Ministère de la marine.
(2) Archives du Ministère de la guerre.

du reste, aucune indemnité pour ce qui en avait été soustrait. Il y mourut en septembre 1804.

Il avait épousé *Angélique Charlier*, dont il eut :

CHARLIER.
De sable au lion d'argent.

1. ANGÉLIQUE, mariée à N..... de Sézille, inspecteur des gabelles.

2. AIMÉ-HYACINTHE-HYPPOLITE, né à Paris, le 7 octobre 1769, entra dans la compagnie des gendarmes anglais, en 1784. Il entra, le 1er janvier 1787, en qualité de sous-lieutenant élève du génie, à l'école de Mézières; il fut successivement, comme chef de bataillon, sous-directeur des fortifications au Havre et à Saint-Malo. Il donna sa démission le 1er juillet 1809. Nommé chevalier de la Légion d'honneur, par Napoléon Ier, il reçut, le 30 août 1814, la croix de chevalier de Saint-Louis (1).

Il épousa *Rosalie-Victoire Papillon*, dont il eut deux filles.

3. AUGUSTE, né à Paris le 1er avril 1779, s'engagea aux gendarmes d'ordonnance, le 17 novembre 1806; il fut nommé brigadier le lendemain, 18 novembre, et mourut pendant la campagne de Prusse, le 3 août 1807 (2).

4. PIERRE-FRANÇOIS-MARIE, qui suit.

PIERRE-FRANÇOIS-MARIE TEYSSIER DES FARGES, né à Paris, au palais Bourbon, le 17 janvier 1782, devint par la mort de son second frère et le rachat de la part des deux autres enfants de Jean-Joseph-Hyacinthe, seul propriétaire de la terre de Beaulieu. Il fut, à diverses reprises, nommé lieutenant de louveterie, pour le département de Seine-et-Marne.

XVIII

Il épousa, en 1810, *Marie-Sophie Selves*, d'une ancienne famille de magistrats, établie en Languedoc. Il mourut à Beaulieu, le 7 mars 1849, laissant de son mariage : ·

SELVES.
Parti au 1, d'azur à la tour d'argent maçonnée de sable; au 2, de gueules à deux fasces d'or.

1. PAULINE-JEANNE-FELICITÉ, mariée à *Gustave-Joseph-Henri-Paul Thibaud-Pissin*.

2. GUSTAVE-AIMÉ-VICTOR, qui suit.

3. EUGÉNIE-ANGÉLIQUE-SOPHIE, mariée à Frédéric-Henri, vicomte Louis de Villiers, chef d'escadron d'état-major (depuis général de division).

4. VIRGINIE-HENRIETTE, mariée à *Claude-Gustave-Théodore-Pierre Vuarnier*.

---

(1) Archives du Ministère de la guerre.
(2) Archives du ministère de la guerre.

5. Hortense-Louise, mariée à *Jean-Giraud Crouzet.*

XIX

GUSTAVE-AIMÉ-VICTOR TEYSSIER DES FARGES, né à Paris, le 14 juin 1814, fut pendant quelques années avocat au Conseil d'État et à la Cour de cassation. Les études et expériences d'agriculture auxquelles il se livra ensuite lui valurent la croix de la Légion d'honneur, le 15 août 1865. Il mourut le 16 février 1869.

Sмiтн.

Il avait épousé, le 14 avril 1845, *Alice-Forster-Lucile Smith*, née à Paris en 1822, fille de George Smith, esquire of Rochdale (Angleterre).

De ce mariage il eut.

Veyrac.
De gueules à trois besans d'or écartelé d'azur au chevron d'or surmonté de trois étoiles mal ordonnées de même.

1. George-Aimé, qui suit.

2. Lucie-Pauline, née à Paris, le 26 juin 1852, mariée le 26 avril 1873, à *Fernand Reboulh de Veyrac*, d'une ancienne famille d'Auvergne.

XX

GEORGE-AIMÉ TEYSSIER DES FARGES, né à Saint-Germain-en-Laye, le 11 septembre 1847, ancien officier d'état-major.

Ainsi qu'on a pu le voir par les notices qui précèdent, les diverses branches de la famille des Farges se sont successivement éteintes, faute d'héritiers mâles, à l'exception de la branche Teyssier des Farges, qui n'a, elle-même, actuellement, qu'un seul héritier mâle, seul représentant de cette ancienne maison.

ALLIANCES

DE LA

FAMILLE TEYSSIER DE CHAUNAC DES FARGES

NOTES

ET PIÈCES JUSTIFICATIVES

ÉPITAPHE

DU

CARDINAL GUILLAUME DE CHAUNAC

GRAVÉE SUR SON MAUSOLÉE

DANS LE CHŒUR DE L'ÉGLISE SAINT-MARTIAL DE LIMOGES

―――――

Hic jacet B. memoriæ Reverendis, in Christo Pater et Dominus, Dominus
Guillelmus de Chanaco, Episcopus Tusculanus, S. R. E. Cardinalis, aliàs
Dominus Mimatensis. Quondam filius Domini Guidonis de Chanaco, militis, et
dominæ Isabellæ de Monte-Berulpho Lemovic. Diœcesis, decretorum doctor opti-
mus, in præsenti monasterio monachus effectus, nutritus et educatus a pueritiâ.
Deinde post plures dignitates, per R. Dominum papam Gregorium XI promotus
extitit ad apicem cardinalatus. Multa bona contulit præsenti monasterio. Idco-
que conventus, die quolibet duas missas sine nota, et singulis mensibus unum
solemne anniversarium pro eo et suis in perpetuum celebrare tenetur. Obiit in
Avenione die 29 décemb. anno Nativitatis Domini 1384, quo anno, mense Au-
gusti, ejus corpus per integrum translatum et sepultum est hic, secundum suam
devotam ordinationem. Oratis Deum pro ipso. Anima ejus in æternum requiescat
in pace. Amen.

(Ici gît le très révérend Père en Jésus-Christ et Seigneur d'heureuse mémoire, le
seigneur Guillaume de Chaunac, évêque de Tusculum, cardinal de la sainte Eglise
romaine, autrement nommé Monsieur de Mende. Il était fils du seigneur Guy de
Chaunac, chevalier, et de dame Isabelle de Montberou, du diocèse de Limoges. Très
grand docteur en droit canon, et moine en ce présent monastère, où il avait été nourri
et élevé dès son enfance. Après plusieurs dignités, il fut promu par le pape Grégoire XI à l'éminence du cardinalat. Il a conféré beaucoup de biens à ce monastère;
c'est pourquoi le couvent est tenu de dire tous les jours deux messes basses, et de
faire chanter chaque mois un anniversaire solennel à perpétuité pour lui et les siens.
Il décéda à Avignon, le 29 décembre, l'an de la Nativité de Notre-Seigneur 1384, et au
mois d'août suivant son corps qui était tout entier, fut transporté et enseveli ici, suivant sa dévote ordonnance. Priez Dieu pour lui, que son âme repose éternellement
en paix. Ainsi soit-il.)

(*Histoire de saint Martial*, par le P. *Bonaventure*, tom. II, pag. 381).

ÉPITAPHE

DU

CARDINAL BERTRAND DE CHAUNAC

DANS L'ÉGLISE DES DOMINICAINS D'AVIGNON

Hic jacet Reverendissimus in Christo Pater Dominus Bertrañdus de Chanaco, Lemovicensis Diœcesis, genere nobilis, qui doctor utriusque juris, archiepiscopus Biturensis exstitit, post modum patriarcha Hierosolymitanus, et administrator ecclesiæ Abrincensis et deinde in Sanctæ Romanæ Ecclesiæ, tituli sanctæ Pudentianæ, Presbyterum cardidalem assumptus, et demum Sabinensis Episcopus effectus, obdormuit in Domino, die vigesima Maii, anno Domini MCCCCIV.

(Ci-gît le très révérend Père en Jésus-Christ et seigneur Bertrand de Chaunac, du diocèse de Limoges, de noble maison, qui, docteur en l'un et l'autre droit, fut archevêque de Bourges, puis patriarche de Jérusalem et administrateur de l'Eglise du Puy, Nommé cardinal-prêtre de la sainte Eglise romaine, au titre de Sainte-Pudentiane, puis évêque de Sabine, il mourut le 20 mai de l'an du Seigneur 1404.)

(*Italia Sacra*, par *Ughellus*, col. 177).

SCEAUX CONSERVÉS AUX ARCHIVES NATIONALES

(DÉTAIL DES)

GUILLAUME V DE CHAUNAC.

(1340)

Fragment de sceau ogival de 70 mill. — Arch. de l'Empire, J. 152, N° 21.

Dans une niche gothique, évêque debout, vu de face, mitré, crossé et bénissant. A la partie droite du sceau, la seule qui subsiste, un écu au lion rampant sur un burelé.

(Plus rien d'utile de la légende.)

Appendu à une charte par laquelle l'évêque renonce à rien réclamer du Roi pour tout ce qu'il lui a avancé pour ses guerres, tant en argent qu'en denrées. 6 janvier 1340. En nostre chastel de Vissours, de « notre diocèse de Paris. »

N° 6796 du Catalogue.

FOULQUES DE CHAUNAC.

(1345)

Fragment de sceau ogival de 70 mill. — Arch. de l'Empire, L. 1636.

Dans une niche gothique très ouvragée, évêque debout, vu de face, mitré,

12

crossé et bénissant. A dextre, écu à une crosse en pal, sur un semé de fleurs de lys; à sénestre, un lion rampant sur un burelé.

legende : .... ONIS .... PARISIEN....

Contre-sceau.

Buste d'évêque, vu de face, dans une fenêtre gothique, et au-dessous, les deux écus de la face, d'un joli dessin.

leg : † CTRAS. FULCONIS. EPI. PARISIENSIS.

(Contra sigillum Fulconis episcopi parisiensis.)

Appendu à une charte de l'an 1345.

N° 6797 du Catalogue.

GUILLAUME DE CHAUNAC.

Cardinal de Saint-Vital (1375)

Fragment de sceau ogival de 87 mill. — Arch. de l'Empire, L. 314, N° 32.

Sceau à trois niches, chacune à deux étages; dans celle du milieu, en haut, la Vierge assise avec l'enfant Jésus; en bas, saint Vital debout, nimbé et en costume de chevalier. Dans les deux niches latérales, quatre anges, deux à mi-corps en prières, deux assis, jouant d'instruments; dans la niche inférieure, un priant entre deux écus d'un bois sur un burelé.

leg : VITALIS. MART. PBRI. CARDINAI....

(Vitalis martyri presbiteri Cardinalis.)

Appendu à une charte concernant l'abbaye de Saint-Germain-des-Prés, datée d'Avignon, 16 février 1375.

N° 6233 du Catalogue.

RAIMOND DE FARGES (GOTH).

Cardinal de Sainte-Marie-la-Neuve (1307).

Fragment de sceau ogival de 60 mill. — *Arch. de l'Empire*, J. 549, Nº 1.

Dans une niche gothique, la Vierge vue à mi-corps, avec l'enfant Jésus.

+ S. RA...... IACONI..... DINA.....

(Sigillum Raimundi......... diaconi cardinalis.)

Appendu à une ratification de la paix conclue entre le Roi de France et le comte de Flandre. Poitiers, 1ᵉʳ juin 1307.

Nº *6176 du Catalogue.*

BERNARD II DE FARGES.

(1317)

Fragment de sceau ogival de 70 mill. — *Arch. de l'Empire*, J. 443, Nº 4.93.

Dans une niche gothique et sur un champ semé de roses et de croisettes, archevêque assis, vu de face.

leg : S. BERNARDI. D... GRA... ECCL... NARBONEN...

(Sigillum Bernardi Dei gratiâ archiepiscopi ecclesiæ Narbonensis.)

Appendu à une charte de l'archevêque, datée de son château de Villa-Rubea du 18 avril 1317.

Nº *6833 du Catalogue.*

FAMILLE

CARDINAL RAIMOND GUILLAUME DE FARGES

———

Fateor me valde impeditum fuisse in eruenda origine istius Cardinalis. Constat enim illum fuisse nepotem Clémentis V, fratrem vero Bernardi archiepiscopi Narbonensis. Porro Bernardus, in suo testamento nepotem suum vocat Bertrandum, filium Ceciliæ de Baucio, quam Andræas Duchesnius, lib. 5 hist. Montmorenc., pag. 448, scribit fuisse secundam uxorem Raimundi Guillelmi de Budos, et ex ea prognatum ait, præter cæteros, Bertrandum. Ex quo videtur colligi necessario debere patrem istius Bertrandi fuisse fratrem Bernardi archiepiscopi, adeoque eorum gentem qui de Fargis cognominabantur, non esse distinguendam a Budóssiis. Hanc conjectionem illud quoque adjuvat quod in hac vita Clémentis, et in libro obligationum archivi vaticani, cardinalis iste vocatur Raimundus Guillelmi; cujus cognominis tres in familia Budossiorum ea tempestate commemorantur ab eodem Duchesnio. Præterea, idem Bernardus Andræ de Budossio quem cum fuerit pronepos papæ Clementis consanguinum Bernardi fuisse constat, legat quingentas libras, et Amanevo de Budossio qui *nihil habet,* mille libras. Quod si ita est, uti certe est, ita constituendum esse videtur hoc negotium ut primo quidem qui ex ea gente orti erant vocarentur de Fargis tantum, postea vero, cum titulis addidissent Budossium, vetus nomen familiæ, ut plerique tum solebant, abjecerint et dynastiæ substituerint. Itaque Raimundus Guillelmi de Budos, qui fuit filius sororis papæ Clémentis, frater vero, ut supra ostensum est, Raimundi Guillelmi cardinalis, integro nomine vocari debuit Raimundus Guillelmi de Fargis, dominus de Budos, quod in cardinalem cadere non potest qui non erat ortus a patre domino Budossi. Castri enim illuis; alta et bassa justitia anno tantum MCCCIX data est huic Raimundo.

Quamvis autem dixerim existimare me Fargios abjecisse vetus familiæ suæ nomen ut Budossiorum appellationem acciperent, id tamen de universa gente dictum nolui, sed de eo tantum ramo in quo stetit castrum Budossi. Cæteros arbitror substitisse in diœcæsi Vasatenci, unde illis origo, et proprium gentis nomen semper retinuisse. Et enim in actis fundationis sex capellarum in ecclesia..

Albiensi anno MCCCXLVIII, die XXI decembris fit mentio *Nobilis Raimundi de Fargis, quondam domini de Malovicino, Vasatcusis diocœsis, et Bertrandi de Fargis, domicelli ejus filii*, illius nimirum qui in regesto quodam senescalliæ Tolosanæ vocatur *Bertran de Fargues, Escuier, sieur de Mauvoisin en Agenois, en la diocèse de Bazadois*, anno MCCCXLVI, die XXVII Julii. Is vero Raimundus, dominus de Malovicino in arresto quodam parlamenti Parisiensis dato anno MCCCXLI nominatur cum cardinale de Fargis, ejus sorore, et Gailhardo episcopo Vasatenci, certe argumento illum pertinuisse ad hanc genealogiam.....

' *Vitæ paparum Avenionensium*, par Baluze. — *Notæ*,
t. I, col. 662, 663 et 664. — Paris, 1693.

J'ai éprouvé, je l'avoue, un certain embarras à établir l'origine de ce cardinal. Il est, en effet, établi qu'il était neveu de Clément V, et frère de Bernard, archevêque de Narbonne. Or, dans son testament, Bernard reconnaît pour neveu Bertrand, fils de Cécile de Baux, seconde femme de Raimond-Guillaume de Budos, ainsi que le dit André Duchesne, au livre 5 de l'*Histoire de la Maison de Montmorenci*, page 448; il ajoute que de ce mariage naquit entre autres enfants, Bertrand. Il en résulte nécessairement que le père de Bertrand était frère de l'archevêque Bernard, et par conséquent, que les membres de cette famille qui portaient le nom de De Farges se confondaient avec les Budos. A l'appui de cette thèse, nous ajouterons que dans la vie du pape Clément et dans le *Livre des obligations* aux archives du Vatican, ce cardinal porte les prénoms de Raimond-Guillaume, qui à la même époque, se retrouvent chez trois membres de la famille de Budos, ainsi que le rappelle Duchesne. En outre, le même Bernard lègue cinq cents livres à André de Budos, petit-neveu du pape Clément, et par conséquent parent de Bernard, et mille livres à Amanève de Budos, qui *ne possède rien*. Cela étant, on doit en conclure qu'à l'origine, tous les membres de cette famille s'appelaient de Farges; dans la suite, ceux qui ajoutèrent à leurs titres celui de seigneur de Budos, ne porteront plus que le nom de leur seigneurie, en omettant leur nom de famille, comme cela se faisait alors fréquemment. Raimond-Guillaume de Budos, fils de la sœur du pape Clément, et frère du cardinal Raimond-Guillaume, ainsi qu'on l'a établi plus haut, doit donc, si on veut lui donner tous ses noms, s'appeler : Raimond-Guillaume de Farges, seigneur de Budos; cela ne saurait s'appliquer au cardinal, dont le père n'était pas seigneur de Budos. La justice, haute et basse de cette seigneurie, ne fut en effet donnée à Raimond qu'en 1309.

Les Budos ne portèrent plus que ce seul nom, sans y joindre leur nom patronymique de De Farges, mais cette observation ne doit s'appliquer qu'à la seule branche de Budos. Les autres membres de la famille restèrent dans le diocèse de Bazas, d'où ils tiraient leur origine et conservèrent leur nom de De Farges. Dans les actes de fondation de six chapelles dans l'église d'Alby, le 21 décembre 1348, il est fait mention de *noble Raimond de Farges, ancien seigneur de Mauvoisin, au diocèse de Bazas, et de Bertrand de Farges, écuyer, son fils*, le même sans doute qui, dans un ancien registre de la sénéchaussée de Toulouse, est appelé *Bertran de Fargues, escuier, sieur de Mauvoisin, en Agenois, en la diocèse de Bazadois*, le 27 juillet 1346. Le Raimond qui est nommé dans un arrêt du Parlement de Paris, rendu en 1341, avec le cardinal de Farges, sa sœur, et Gallard, évêque de Bazas, est certainement le même que celui dont il vient d'être parlé.

ANDRÉ DE BUDOS

DE PROTECTIONE ANDRÆE DE BUDOS

Rex universis· et singulis Senescallis, majoribus Juratis, Paribus, prœpositis Ballis, et Ministris suis in ducati Aquitaniæ constitutis, salutem.

1341

Cum dilectus et fidelis noster Andreas, dominus de Budos, consanguineus reverendi patris domini Cardinalis de Fargis amici nostri carissimi, ex magna dilectionis exuberentia qua nobis afficit, in nostram venerit obedientiam non sine gravi suorum amissione bonorum, quæ in regno Franciæ possidebat, Nos perindè volentes ipsum Andrœam et sua gratiis prœvenire et favoribus opportunis, suscepimus eumdem Andrœam et familiam res, redditus, possessiones ac bona sua quœcumque in protectionem ac defensionem ac salvam gardiam nostram specialem. Et ideo vobis et cuilibet vostrum firmit injungendo mandamus quod ipsum Andream et familiam, res, redditus, possessiones ac bona sua quœcumque a violenciis et graminibus indebitis manu teneatis, protegatis, et defendatis. Non inferentes eidem Andrœae aut familiæ suæ in personis et rebus suis seu quantum in vobis est ab aliis inferri, permittentes injuriam, vexationem, molestiam damnum impedimentum aliquod seu gramen. Et si quid eis in prœjudicum hujus protectionis et salvæ gardiæ nostræ attemptatums aut forisfactum invenitis, id in statum debitum reduci, et de mimis rite attemptatis emendari celerit faciatis penoncellas nostras in locis et bonis et possessionibus ipsius Andrœe et familiæ suæ in signum protectionis et salve gardiæ memorate cum super hoc requisiti fueritis appondentes. In cujus etc. Rex apud Turrim London XX die Julii.   Pro ipsum R.

Archives de la Tour de Londres. Vascon Roll, Chancery. An. 15 Edward III, membrana 15.

Le Roi à tous ses sénéchaux, grands jurats, pairs, baillis et ministres en son duché d'Aquitaine, salut :

Notre cher et fidèle André, seigneur de Budos, neveu du révérend père et seigneur cardinal de Fargos, notre très cher ami, par suite de la grande affection qu'il nous porte, s'est mis à notre disposition et à nos ordres, non sans subir de grandes pertes dans ses domaines situés dans le royaume de France ; voulant donner audit André et aux siens un témoignage de notre affection, nous avons décidé que les siens, ses biens et ses revenus seraient placés sous notre protection spéciale, et défendus et gardés par nos soins. C'est pourquoi nous mandons et ordonnons à chacun de vous, en ce qui le concerne, de garder, protéger et défendre contre toutes violences et dommages ledit André, sa famille, ses domaines, ses revenus, et généralement tout ce qui le touche, et n'en supporter aucun. Et s'il lui est fait quelque tort, si notre protection et sauvegarde n'étaient pas respectées, vous devriez y pourvoir et faire hisser notre pennon sur les terres et possessions dudit André et de sa famille, en signe de notre protection et de notre sauvegarde. Donné par le Roi à la Tour de Londres, le 20e jour de juillet.

RAYMOND DE FARGES

1342   R omibz ad quos tc saltm. Sciatis q.. d p. bono loco quem vendabit pat. Raymundus de Farges, sce Marie nove Diaconus cardinalis nob. t. regno nro Angl. tenuit t p. bono svicio quod ditcus nob. Reymundus de Farges nepos ipius Cardinalis nob in ptibz Vascon fecit et indies facle non desistit de gra nra spali dedim et concessim p. nob. et heredibz nris eidem Reymundo nepoti locu de Mount Segur in diœ Vastateu cu omibs ptia suis qui quidem locus fuit cujusdam consanguinei germani pris ejusdem Raymundi nepotis et in manu-rebelliu nroz de Franc. existit hend et senend eidem Remundo nepoti et here dibz suis de nob et heredibz nris p servicia inde debita et consueta imppm in valorem centu li brar sterlingore p. annu. Ita qct si dtcus locus valorem centu librar sterlingor p amu excedat tunc atcus Reymundus nepos et heredes sui nob. et heredibs nris de eo quod six excesseriut p. manus constæbular nri t heredu.nror Burdeg. reponder teneant. In cuj rei le T. R. apud Westin XVI die maii p bre de privato sigillo.

Archives de la Tour de Londres. Vascon. Roll. (Chancery).
An 16. Edouard III. — N° 7, membrana 30.

Le Roi, à tous, salut. A ceux qu'il appartiendra, il est fait savoir qu'au lieu des terres que nous a vendues le révérend Raymond de Farges, cardinal-diacre de Sainte Marie-la-Neuve, et en raison des bons services que son neveu, notre cher Raymond de Farges nous a rendus en Gascogne, nous avons fait don audit Raymond et à ses descendants, par une grâce spéciale, du domaine de Mont-Ségur dans le diocèse de Bazas, qui a été enlevé au lit Raymond par les rebelles, jusqu'à concurrence d'un revenu annuel de cent livres sterling. Et tout ce qui dépassera annuellement ce revenu de cent livres sterling devra être versé en notre nom aux mains du connétable de Bordeaux. Donné à Westminster, le 16e jour de mai et signé de notre sceau privé.

RAIMOND ET CONGIA DE FARGES

1352

R. Senescallo suo Vascon qui nunc est vel qui p. tempore fuit seu ejus locum tenenti saltm. Ex pte Raymundi de Farges p. peticoem suam coram nob. et consilio nostro, in pliamento nto apud Westm. ultimo convocato exhibitam nob. extitit supplicatu ut cum Congia de Farges soror pris p.dei Reymondi I. dna Castri de Monteton in testamento, suo in ultimâ voluntate suâ dun Raymondu heredem ipius Congie in Castro prædeo I. aliis bonis suis fecerit et instituerit idemq. Reymondus castrum illud ea occone a longo tempore tenuerit et adhuc teneat velim ipm. in possessione suâ Castri prædicti jubere protegi et tueri. Nos supplicacoi prædicte in quantu juste poterimus volentes annuere in hac pte vob. mandamus qd ipm Reymondû in justâ possessione suâ prædicti et in omnibus aliis possessionibus suis justis manuteneatis pro legatis et ab injuriis et violenciis indebitis defendatis.

Et si quid ei in hac parte forisfcm vel injuriatu fuerit, id sine dilone emendari et ad statu debitu. reduci fac. T. R. apud Westm. XII die Marcii, p. peticoem de pliamento.

Archives de la Tour de Londres. — Vascon Roll (Chancery).
An. 26 Edward III, membrana 8, n° 7.

Le Roi à son sénéchal de Gascogne ou à celui qui le remplace, salut.
Il résulte, en ce qui concerne Raimond de Farges, d'une pétition par lui adressée à nous et à notre conseil, en notre Parlement récemment réuni à Westminster, qu'il nous a exposé que Congia de Farges, sœur dudit Raimond, dame du château de Monteton, a par son testament et ses dernières volontés désigné et institué pour héritier dudit château et de tous ses biens ledit Raimond, et que par suite, celui-ci a longtemps eu, et a encore, en sa possession ce dit château, il nous suppliait d'ordonner qu'il fût protégé, défendu et maintenu par nos soins en la possession de ce domaine. Nous, consentant à accorder, en tant que cela est juste, à ce qui nous est demandé dans cette pétition, Nous vous mandons d'avoir à veiller au maintien dudit château et de ses autres domaines, et à le protéger contre les violences et les injures; et s'il lui était fait quelque tort ou dommages, d'avoir à lui faire faire réparation, sans retard, et remettre les choses en l'état où elles doivent être. Donné en présence du Roi à Westminster, le 12e jour de mars, à l'examen des pétitions au parlement.

13

LETTRE

DU PAPE CLÉMENT V A BERNARD DE FARGES

ARCHIDIACRE DE BEAUVAIS

Clemens, etc....., Bernardo de Fargis, archidiacono Belvacensi, salutem, etc.

Virum expertæ probitatis claritate conspicuum te laudabilia tuæ probitatis indicia representant, sic enim studiis virtutum insistis, sic laudabiliter dirigis actus tuos ad merita probitatum, quod nos ad tui honoris promotionem invitas. Tuis itaque supplicationibus inclinati tecum ut defectu quem pateris in ætate, cum sicut asseris in vicesimo quinto ætatis tuæ anno, vel circa illum constitutus esse noscaris, et quibusvis constitutionibus contrariis non obstantibus, quascumque dignitates episcopales vel archiepiscopales, seu patriarchales aut alias, cum ad illas te successive contigerit canonice evocari, licite recipere ac libere valeas auctoritate apostolicâ de speciali gratiâ dispensamus, proviso quod te facias prout ipsarum dignitatum cura exegerit, statutis temporibus ad omnes superiores ordines promoveri. Datum Lugduni, 4 cal. febr. pontific. nostri anno primo (1305).

Gallia christiana nova, t. II, col. 923.

Clément, etc., à Bernard de Farges, archidiacre de Beauvais, salut, etc.

Ta conduite prouve que tu es un homme d'un remarquable mérite, adonné à l'étude des vertus que tu t'efforces de pratiquer; elle nous porte donc à t'en récompenser. Aussi, écoutant tes supplications, malgré ton jeune âge, car tu as à peine atteint ta vingt-cinquième année; malgré les règles qui s'y opposent, par grâce spéciale, nous te déclarons apte à être investi des dignités d'évêque et d'archevêque, de patriarche ou autres auxquelles il nous conviendra de t'appeler et de te maintenir, à la condition toutefois que tu remplisses exactement toutes les charges que ces dignités feront peser sur toi. Donné à Lyon, le 4 des calendes de février, la première année de notre pontificat (1305).

BREF DU PAPE CLÉMENT V

NOMMANT

RAIMOND GUILLAUME DE FARGES DE BUDOS

GOUVERNEUR DU COMTAT VENAISSIN (1309)

———

Clemens episcopus, servus servorum Dei, dilecto filio nobili viro Raimundo Guillelmi, domino de Budos, in temporalibus Comitatus Venayssini rectori, salutem et apostolicam benedictionem.

Etsi debito exigente pastoralis officii de statu terrarum omnium ad Romanam ecclesiam pleno jure spectantium, prospere conservando teneamur, sollicite cogitare, circa statum tamen comitatus Venayssini, qui est ipsius Ecclesiæ speciale dominium, intensis studiis vigilamus, et ministerium apostolicæ sollicitudinis libenter impendimus, ut comitatus ipse per nostræ providentiæ studium dirigatur prospere, et salubriter gubernetur, ad te igitur quem novimus circonspectione providum, et sollicitudine circumspectum, cujusque fidelitatem ab experto cognovimus, nostræ considerationis dirigentes intuitum, et sperantes quod per te in hac parte satisfieri poterit plenarie votis nostris, Rectoriam prædicti comitatus in temporalibus per te, vel alium seu alios, quem vel quos, ad hoc deputandum vel deputandos duxeris exercendam apostolicam tibi auctoritatem usque ad apostolicæ sedis bene placitum duximus tenore præsentium committere, disponendi et ordinandi, præcipiendi, statuendi, puniendi, et diffiniendi, excipiendi et faciendi in eodem comitatu, quidquid ad ejusdem Rectoriæ spectat officium, ac honori et commodo Ecclesiæ prædictæ, et prospero status fidelium comitatus ejusdem noveris expedire, et contradictores et rebelles temporali distractione appellatione proposita compescendi tibi concedentes plenam et liberam potestatem, tibi ac illi vel illis, quem vel quos, ad regimem ejusdem comitatus ut prædicitur, duxeris deputandum vel deputandos, et tuis seu illorum officialibus quovis genere appellationis cujus libet bonorum, jurium, jurisdictionum et honorum quorum libet quæ in eodem comitatu Romanæ Ecclesiæ dignoscitur obtinere, quam ex nunc si secus actum fuerit discernimus viritam et inanem, penitus interdicto. Ideo que nobilitati tuæ per apostolica scripta mandamus quotenus onus regiminis comitatus ejusdem devote suspiciens, sic illud prudenter geras, et laudabiliter prosequaris, quod tui honoris augmentum proveniat, ac nostram et præfatæ sedis benedictionem, et gratiam proinde ulterius mercaris. Nos enim processus et sentencias sive pænas quas temporiliter rite feceris, tuleris vel statueris in rebelles, ratos habebimus et faciemus authori Domino usque ad satisfactionem condignam appellatione remota inviolabiliter observari; non obstantibus aliquibus privilegiis vel indulgentiis, aut liberis apostolicis quibuscumque personis secularibus, communitatibus, universitatibus et locis ab eodem sede concessis, per quæ tua in hac parte jurisdictionis executio possit quomodo libet impediri de quibus fieri debeat in nostris literis de verbo ad verbum mentio specialis.

Datum in prioratu de Gratsello, prope Majaucenam, Vasionem diœcesis, idib. septembris, pontificatus nostri anno quinto.

(*Historia della citta d'Avignone*, par *Fantoni Castrucci*, tom. Ier, pag. 161 et 162,
Et aussi, t. XIV des *Annales de Bsovius*, col. 130 et 131.

Clément, évêque, serviteur des serviteurs de Dieu, à son cher fils, noble homme Raimond Guillaume, seigneur de Budos, gouverneur au temporel du comté Venaissin, salut et bénédiction apostolique.

Tenus, de par notre devoir de pasteur, de veiller avec sollicitude sur toutes les terres appartenant de plein droit à l'Eglise romaine, et de les maintenir en état prospère, nous devons nous inquiéter d'une manière toute spéciale de l'état du comté Venaissin, domaine spécial de l'Eglise; nous appliquons tous nos efforts et toute notre sollicitude apostolique à son entretien, à sa prospérité et à son bon gouvernement. Aussi, connaissant ta prudence, ta sagesse, la sollicitude et la fidélité, que nous avons souvent éprouvées, sachant que tu réponds à nos désirs, et espérant que sous ce rapport tu es apte à satisfaire entièrement à nos désirs, il nous plaît de te confier, par la teneur des présentes, le gouvernement temporel dudit comté, à toi, à celui ou à ceux que tu auras cru devoir déléguer à l'effet d'exercer l'autorité apostolique, dans les limites convenues, te donnant tout pouvoir pour disposer, ordonner, commander, statuer, punir, gracier, prendre et faire dans ledit comté, en tout ce qui concerne l'administration de ce gouvernement, pour le bien et l'honneur de l'Eglise romaine; veiller a la prospérité des fidèles de ce comté, punir les rebelles et les opposants; ce pouvoir appartiendra à toi, et à celui ou à ceux que tu auras, ainsi qu'il est dit, délégués à l'administration de ce comté, et aux employés de tous noms et de tous genres, en biens, droits, juridiction et honneurs qu'il est permis d'obtenir dans cette terre de l'Eglise romaine, ainsi qu'il a été fait jusqu'ici. C'est pourquoi, par ce bref apostolique, nous te mandons, tant que tu resteras en possession du gouvernement de ce comté, confié à ta valeur et à ta noblesse, de le gouverner avec prudence et avec mérite, afin qu'il en résulte pour toi de nouveaux titres de gloire, et que tu mérites notre bénédiction apostolique et de nouveaux honneurs. Tous les procès, toutes les sentences, toutes les peines que tu auras jugés, rendues ou infligées aux rebelles, pour tout ce qui concerne le temporel, nous les tiendrons pour bien jugés, rendues ou infligées, et avec la grâce de Dieu, nous ferons exécuter tes décisions à ton entière satisfaction; nonobstant quelques privilèges, indulgences ou libertés apostoliques concédés par le Saint-Siège à quelques personnes, communautés, universités ou lieux, de nature à empêcher l'exécution des sentences soumises à ta juridiction et rendues par tes soins et dont il devra être fait mention spéciale dans nos lettres.

Donné au prieuré de Granzel, près de Malaucène, dans le diocèse de Vaison, aux ides de septembre, la 5e année de notre pontificat (16 septembre 1309).

TESTAMENT DE BÉRAUD DES FARGES

ÉVÊQUE D'ALBY

Fait au château de Marsac, le 7 janvier 1333

Après avoir choisi sa sépulture dans le sanctuaire de son église cathédrale, il ordonne qu'on lui élève un mausolée, pour lequel il destine 300 livres tournois, et une plus grande somme, si c'est l'avis de ses exécuteurs testamentaires.

Il lègue à la même église 500 livres tournois, trois ornements complets avec chape et un parement brochés d'or, sa crosse et sa petite mitre ; fonde un *obit* pour lequel il donne la maison par lui acquise d'Arnaud de Saint-Étienne ; lègue à chaque chanoine qui assistera à ses funérailles 5 sols tournois, aux couvents des Jacobins, Cordeliers et Carmes d'Alby, 5 livres tournois à chacun, pour assister à ses funérailles.

Ordonne cinq mille messes pour le repos de son âme.

Charge ses exécuteurs testamentaires de lui faire dire par trente moines l'office du jour, l'office de la Vierge, l'office des morts, suivant l'usage romain, pendant un an, aux dépens de sa succession.

Lègue quarante calices d'argent de deux marcs chacun, pour autant de pauvres églises de son diocèse, pour quoi il donne cinquante livres tournois à lui dues par Pierre de Ferrières, chevalier, et le surplus sera pris sur ses biens.

Ordonne qu'on habille mille pauvres de l'argent provenant de la vente de ses habits et fourrures.

Ordonne qu'on vende ses meubles de chambre, et que le produit en soit employé à faire des lits aux hôpitaux de Saint-Jacques, de Saint-Antoine et de la Madeleine d'Alby.

Ordonne un cierge de quatre onces de cire qui brûlera nuit et jour à perpétuité dans un bassin d'argent pesant deux marcs d'or, dans les églises de Notre-Dame du Puy de Vauvert, de Roquemadour, de Castel-Sacrat, de la Parade et d'Uzeste.

Donne à la fabrique de l'église cathédrale de Bordeaux deux cents livres auxquelles il était tenu pour des vases d'argent, en exécution du testament du cardinal Arnauld de Chanteloup.

Lègue aux pauvres de Sauros et de Salirac, au diocèse de Bazas, cent livres tournois pour les indemniser des dommages qu'il leur a causés, en plaidant contre ces deux paroisses.

Aux pauvres de la paroisse de Fargues, au diocèse de Bordeaux, vingt livres tournois.

Restitue aux héritiers de Guillaume Bruin, chevalier de Châteauneuf de Montmirail, cent cinquante livres tournois, pour une imposition faite sur lui au temps de sa mort, doutant de la justice de cette taxe.

Ordonne que les six chapelles, par lui retenues, dans le chevet de l'église de Sainte-Cécile d'Alby, soient achevées et meublées à ses dépens.

Ordonne l'achèvement de l'église commencée à Sauros, diocèse de Bazas, dans laquelle il veut que l'on construise trois chapelles, à chacune desquelles il lègue un calice d'argent, et tous les ornements nécessaires.

Lègue au pape Jean XXII, 2,000 florins d'or.

A la chapelle de Notre-Dame de Farges, qu'il a fait bâtir dans la ville d'Alby, 2,0 0 livres tournois, pour acquérir des fonds dont le revenu puisse acquitter les charges et le service d'icelle, jusqu'à ce que l'union par lui faite des églises de Sainte-Marie, de Saint-Laurent et de Sainte-Martiane, près de Lescar, soit approuvée par le pape.

A la même chapelle, cinquante livres tournois, pour des ornements et pour en achever la construction.

Lègue à la même chapelle, ses ornements verts, une grande statue d'argent, représentant la sainte Vierge, son grand calice de vermeil, sa croix à ses armes, son encensoir, de même avec sa navette, ses burettes et ses bassins, servant à l'autel, le tout en vermeil.

A l'église Saint-Jean de Bazas, cent livres tournois.

A l'église paroissiale de Farges, au diocèse de Bordeaux, quarante livres tournois, pour la fabrique, calice et ornements.

A l'église de Sainte-Marie-la-Droite, diocèse d'Alby, cinquante livres tournois.

Ordonne deux cents livres pour la construction d'un pont au village des Infernats.

Lègue aux Frères Prêcheurs et Cordeliers d'Alby, cinquante livres tournois, à la charge d'une messe basse par an.

Aux Carmes de la même ville, cent cinquante livres pour la fabrique de leur église, sous condition d'une messe annuelle.

Lègue aux mêmes religieux sa bibliothèque, à l'exception des Decrétales.

Aux religieuses de Saint-Augustin d'Alby, cent cinquante livres, pour sûreté d'une messe basse.

Lègue à son frère Bertrand de Farges, prieur de Sainte-Radegonde de Poitiers, sa Bible.

A Raimond de Farges, son neveu, fils de son frère Raimond, ses Décrétales.

A la fabrique de l'église d'Alby, ce qui lui est dû par Guy de Comenges, chevalier, Olivier, vicomte de Montgloire, et Pilefort de Rabasteins, seigneur de Campagnac, et aux chanoines, le tiers de ces sommes.

A Bertrand Rigauld, damoiseau de Châteauneuf de Montmirat, cent livres tournois.

Ordonne cinq cents livres tournois pour la dotation d'une chapelle à la Réole, au diocèse de Bazas, où l'on priera Dieu pour le pape Clément V, son oncle, dont la présentation appartiendra à Raimond de Farges, son frère, et à ses héritiers et successeurs mâles.

Lègue à ladite chapelle vingt-cinq livres tournois pour ses ornements.

Fonde douze autres chapelles, de vingt-cinq livres tournois de revenu chacune, pour lesquelles il lègue six mille livres tournois, pour être employés en biens-fonds, à la disposition et volonté du cardinal Raimond de Farges et de Raimond de Farges, ses frères, pour y prier Dieu pour les papes Clément V et Jean XXII, pour lui et pour ses parents ; en donne le patronage à son frère et à ses héritiers, et successeurs mâles.

Lègue à chacune de ces douze chapelles, vingt-cinq livres tournois, pour des vases et ornements.

Lègue à sa nièce Régine de Farges, fille de Raimond Guilhem de Farges, son frère, en supplément de dot, neuf cents livres tournois.

A Assal ou Assalite (de Ruderno), sa nièce, pareille somme de sept cents livres tournois, en augmentation de sa dot.

A Riche, fille d'Ogier Mole, son neveu, en récompense de ses services, deux cents livres et un cheval nommé *Liard*, qu'il avait eu de Bertrand de Fargis, son neveu.

A Rostain de Ranve damoiseau, en récompense de ses services, cent livres tournois et un cheval, par lui acheté à Moissac.

A Béraud de Goth, damoiseau, pour ses bons services, cent livres tournois.

A maître Pierre de la Meynade, son secrétaire, cent livres tournois.

A maître Jean Coste, son notaire et son domestique, cent livres tournois.

A Raimond de Curti (*de Curtibus*), damoiseau, son domestique (*servitori nostro*), cent livres tournois.

A Arnaud Raimond, le juge, damoiseau, son domestique, même somme de cent livres tournois.

A Guillaume de Grimoard, damoiseau, son domestique, quatre-vingts livres tournois.

A Bertrand de la Roque, damoiseau, son domestique, cinquante livres tournois.

A Alexandre Teyson, damoiseau, son domestique, quatre-vingts livres tournois.

A Gaillard de Gascq, damoiseau, son domestique, trentre livres tournois.

A Pellegrin de Causse, damoiseau, son domestique, cinquante livres tournois.

A N... de Pralhans, damoiseau, son domestique, même somme.

A Pons Racier, damoiseau, son domestique, cinquante livres tournois.

14

A Arnaud de la Motte, damoiseau, son valet de chambre (cambrerio), cent livres tournois.

A Guillaume Azémar, damoiseau, son domestique, vingt livres tournois.

A Jeannot, son fauconnier, tous ses oiseaux (falcones).

A son barbier, quatre-vingts livres tournois.

A ses trois clercs : à l'un soixante livres, à l'autre dix livres et à l'autre vingt livres tournois.

A son portier, cinquante livres tournois.

A son maréchal, même somme.

A maître Pierre d'Alby, cent livres tournois.

A deux de ses domestiques, cinquante livres à l'un, et trente livres tournois à l'autre.

A ses deux messagers, cinquante livres à l'un, et vingt livres à l'autre.

A un garçon d'office, dix livres tournois (butillariæ famulo).

A cinq sommeliers, quinze livres à chacun.

A deux autres sommeliers qui l'avaient servi anciennement : à l'un trente livres et à l'autre dix livres.

A son cuisinier, quarante livres tournois.

A cinq garçons de cuisine, dix livres tournois à chacun.

A cinq palefreniers, dix livres tournois à chacun.

Veut et ordonne que tous ses domestiques soient nourris dans sa maison pendant les neuf jours de ses funérailles, et neuf autres jours suivants.

Remet et lègue à Raimond de Farges, son frère, et à Guillaume de Farges, son neveu, et à leurs héritiers et successeurs, tous ses droits paternels ; nomme pour exécuteurs de ses dernières volontés : Raimond, cardinal-diacre de Sainte-Marie-la-Neuve, et Bertrand de Farges, prieur de Sainte-Radegonde de Poitiers, ses frères ; vénérables hommes, messieurs Ytier Freuil (de Frolio), chanoine et chantre de Saint-Hilaire de Poitiers, Hugues de Fontenilles, chanoine de Bordeaux et d'Agen, et discrètes personnes ; Pons Jean de Bar, prieur de Notre-Dame de Farges, à Alby, et maître Siffrein Cellarier, prieur de Saint-Paul de Messaguet, au diocèse d'Alby.

Lègue à son frère le cardinal, sa plus grande et sa plus belle mitre, et aux autres exécuteurs de son testament, la dépense qu'ils seront obligés de faire en cette qualité, et, finalement, il institue son héritier universel, les pauvres de son diocèse.

Fait et passé en vertu de la permission du pape Jean XXII, datée d'Avignon, du 15 des calendes de décembre, la première année de son pontificat, dans le château de Marsac, appartenant au testateur, par Jean Coste, clerc au diocèse de Rodez, notaire institué par le Roi et par ledit évêque d'Alby, le 7 janvier de l'an 1323, en présence d'Hugues de Fontenilles, chanoine de Bordeaux et d'Agen, de Jean Guitard, docteur en médecine, chanoine de Reims et de Meaux ; de Jean Alaris, de Jean de Bar, prieur de Notre-Dame de Farges, de Siffrein Callarier, prieur de Saint-Paul de Massaguet, au diocèse d'Alby ; de

Pierre de la Meynade, jurisconsulte de la Réole, au diocèse de Bazas, et de Guillaume Ytier, curé de Cucq, au diocèse de Castres.

———

L'Extrait de ce testament a été trouvé en 174:: dans les archives de la cathédrale d'Alby. En dehors des renseignements précieux qu'il donne sur la famille de ce prélat, on y voit une preuve de sa magnificence dont on a peu d'exemples, même au XVIIIe siècle (1).

(1) *Pithon Curt, Noblesse du comtat Venaissin,* t. II, pag. 485 à 490.

TESTAMENT

DE MARIE FÉLICE DE FARGES DE BUDOS

(ARCHIVES NATIONALES)

6 Octobre 1691.

TESTAMENT DE Mlle LA MARQUISE DE PORTES

Par-devant nous, conseillers du Roi, notaires, gardenottes au Châtelet de Paris, soussignés, fut présente haute et puissante Dame, Dame Marie-Félice de Budos, fille majeure, marquise de Portes, vicomtesse de Térargues et dépendances, demeurante dans l'enclos de la maison des dames religieuses Carmélites du faubourg Saint-Jacques, à Paris, au lit, indisposée de corps, saine d'esprit, mémoire et entendement, comme il nous est apparu, laquelle considérant l'incertitude de l'heure de la mort, et voulant disposer des biens que Dieu lui a donnés pour son service et la décharge de sa conscience, après avoir recommandé son âme à Dieu le père tout-puissant, qu'elle aime et adore de tout son cœur, et met son espérance en sa miséricorde, et aux mérites du sang précieux de Notre Seigneur Jésus-Christ, adorant et s'offrant sans cesse pour victime à Dieu son père, auquel elle rend grâce de l'avoir fait naître dans sa sainte Église catholique, Apostolique et Romaine, dans cette même foy renommée par toute la terre, ainsi que l'enseigne l'apostre saint Paul, dans laquelle elle a vécu et désire de mourir; et supplie la sainte Vierge, les saints anges, son ange gardien et tous les Saints de prier Dieu pour elle, afin qu'il luy plaise par sa bonté d'effacer ses péchés sans nombre, qu'elle a commis, A FAIT SON TESTAMENT et ordonnance de dernière volonté, qu'elle nous a dicté et nommé ainsi qu'il ensuit :

I.

Premièrement, veut et ordonne, si elle meurt en Languedoc, être enterrée avec les chères sœurs de Sainte-Marie du couvent de Teyrargues, et si elle

décède en quelque autre lieu, elle veut être enterrée dans l'église de la paroisse, en laquelle elle décédera; veut et entend que préalablement son cœur
soit tiré de son corps pour être porté aux religieuses de Sainte-Marie de
Moulins, et enterré auprès de celui de Madame Marie-Félice des Ursins, duchesse de Montmorenci, sa chère marraine, et *lègue auxdites religieuses la
somme de mil. livres,* une fois paiés, les priant de faire dire tous les ans à
pareil jour de son décéds, une messe de Requiem, à laquelle assisteront
soixante pauvres filles, à chacune desquelles elles donneront cinq sols; voulant
que son enterrement se fasse sans aucune cérémonie, et soit accompagné de
cent pauvres filles, véritablement pauvres, les orphelins préférés aux autres, à
chacune desquelles il sera donné vingt livres le jour de son enterrement ou
dans le mois, se remetant à Messieurs les exécuteurs du présent testament cy-
après nommés, du surplus de son enterrement, les supplians de faire la moin-
dre dépense qu'il se pourra, et de ne pas soufrir qu'elle soit enterrée, qu'après
que son cœur aura été tiré de son corps, et vingt-quatre heures après sa
mort.

Legs de 1,000 livres aux religieuses de Sainte-Marie de Moulins.

II.

Item, ladite dame testatrice veut et entend qu'il soit dit un annuel dans
l'église de la paroisse où elle décédera, et pour cet effet, sera donnée à Monsieur le Curé la somme de trois cens livres.

Don de 300 livres pour un annuel.

III.

Item, donne et lègue à chacun des couvents de l'Ave-Maria, de Paris, de la
Crèche du fauxbourg Saint-Marcel, des religieuses angloises, au champ de
l'Alouette et des Pères Bénédictins anglois, pour les pauvres prêtres irlandois
et anglois, à chacune desdites maisons, la somme de cinq cens livres, les
suppliant de prier Dieu pour le repos de son âme, et de faire dire des messes
à son intention, se confiant en leurs charités.

*Legs de 500 livres à chacun des cou-
vents de l'Ave-Ma-
ria de Paris, de la
Crèche faux bourg
Saint-Germain, des
Religieuses angloi-
ses du Champ de
l'Alouette, des Pè-
res Bénédictins
anglais.*

IV.

Item, donne et lègue ladite dame testatrice aux pauvres honteux de la parroisse où elle décédera, la somme de mil livres, pour être distribuée, si elle
décède à Paris, par Monsieur le Curé et les dames de la Charité de ladite
parroisse, et si c'est en quelqu'autre lieu, elle supplie Messieurs les exécuteurs

*Legs de 1,000 livres
aux pauvres hon-
teux de sa pa-
roisse.*

de son présent testament de les faire distribuer par des personnes fidelles et pieuses.

V.

Item, donne et lègue à chacun de ses domestiques, qui se trouveront à son service et dans ses maisons, au jour de sa mort, trois années de leurs gages, sans préjudice de l'année courante, ny des autres dons qu'elle pourrait leur avoir fait.

Legs de trois années de gages à ses domestiques, sans préjudice de l'année courante.

VI.

Item, veut et entend que toutes les donations qu'elle a fait soient entre vifs, et à cause de mort, reçues par notaires ou faites seulement sous la signature privée, soient exécutées selon leur forme et teneur, les confirmant par le présent testament, en tant qu'il en sera besoin, suppliant Messieurs les exécuteurs testamentaires de prendre soin de leur exécution comme du présent testament.

Confirmation de donations entre vifs ou à cause de mort par elle faites sous signature privée par devant notaire.

VII.

Item, donne et lègue toutes les rentes qui lui seront dues au jour de sa mort, tant en principaux, qu'arrérages, par la province de Languedoc, sénéchaus-ée de Carcassonne, et les diocèses de Nismes, Montpellier et Uzès, à Monsieur Daguesseau, conseiller d'Etat, pour être par ses soins employés à la fondation de deux hôpitaux dans les terres du marquisat de Portes et vicomté de Teyrargues, et dans les lieux qu'il jugera les plus utils, pour le soulagement du peuple, l'un d'hommes et l'autre de femmes, aux charges et conditions portées par le mémoire qu'elle luy mettra entre les mains, et en cas qu'il vint à décéder auparavant l'exécution, elle supplie Messieurs les exécuteurs du présent testament, d'achever et d'exécuter ce qui manquera, et s'il se trouve quelqu'empêchement pour l'établissement desdits hôpitaux, et qu'il s'écoule quatre années sans être établis, les fonds et arrérages desdites ventes seront employés par les Pères de la Mercy, de Montpellier, au rachapt des femmes, filles et jeunes garçons captifs chez les infidelles mahométans, dont ils rendront compte à Messieurs les exécuteurs du présent testament.

Legs de toutes les rentes en principaux et arrérages sur la province de Languedoc, sénéchaussées de Carcassonne et les diocèses de Nismes, Montpellier et Uzès pour établir deux hôpitaux dans le marquisat de Portes et la vicomté de Teyrargues.

Dans quatre ans, sinon lègue lesdites rentes aux Pères de la Mercy de Montpellier pour la rédemption des captifs.

VIII.

Item, ladite dame testatrice donne et lègue lesdites terres et seigneuries du marquisat de Portes et vicomté de Teyrargues, et généralement toutes les terres et seigneuries qui lui appartiennent en Languedoc, à quelque titre que ce soit de succession, substitution, acquisition, institution ou autrement, ensemble tout ce qui se trouvera lui être dû d'arrérages de fermes et droits seigneuriaux desdites terres et seigneuries comme aussi ce qui lui est deub par Monsieur le duc de Saint-Simon et par la succession de feue dame Gabrielle de Saint-Simon, duchesse de Brissac, outre et par dessus les cent quarante-quatre mil livres que ledit sieur de Saint-Simon et ladite succession lui doivent avec tous les arrérages, lesquels cent quarante-quatre mil livres ne sont point compris au présent legs, à *très haut et très puissant prince, et très haute et très puissante princesse, Monseigneur François de Bourbon, prince de Conti, Madame la princesse de Conti, son épouse*, aux charges et conditions suivantes : savoir que LL. AA. SS. ny leurs successeurs ne pourront vendre les justices desdits terres en détail, ne pourront aussi vendre les offices de judicature, mais seulement les donneront *gratis* aux plus gens de bien, donneront leursdites AA. SS. par chacune année, payable en quartier à Madame Louise de Crussol, mère de ladite testatrice, la somme de six mil livres par manière de pension durant la vie de ladite dame Louise de Crussol, sans que lesdites six n il livres de rente viagère puissent être saisies par les créanciers de ladite dame de Crussol, étant destinées pour aider à sa subsistance; et outre les charges ci-dessus, LL. AA. SS. seront encore tenus en considération dudit legs, de payer la somme de douze mil livres pour être distribuées et employés dans lesdites terres et seigneuries, en charité et œuvres pies, avec l'aide et avis de Monsieurs l'abbé Dufault, nonaire à l'évêché d'Alept et du sieur abbé Nouy; les priant de tenir la main à cet emploi, au deffaut desdits exécuteurs et lesquels douze mil livres il plaira à LL. AA. SS. de payer dans trois ans, savoir quatre mil livres par chaque année, suppliant leursdites AA. d'honorer de leur protection particulière le couvent de Sainte-Marie de Teyrargues et son enclos, tant si longuement qu'elles désireront y demeurer; désire ladite dame testatrice, que la terre appelée le Communal, dans la paroisse de Rivière, soit rendue aux habitants dudit Rivière, ou la valeur équipolente, si ladite dame n'y a satisfait pendant sa vie, et ce, sans diminution des autres charges et conditions cy-dessus. Ladite dame supplie LL. AA. SS. de lui faire l'honneur que le sceau de la justice, dont on se servira dans l'étendue desdites seigneuries, soit mi-parti des armes de Budos avec celles de LL. AA. SS. afin qu'il serve d'un petit souvenir de l'affection avec laquelle elle leur a donné lesdites seigneuries.

IX

Item, donne et lègue à madite dame Louise de Crussol, sa très chère mère, outre les six mil livres de rente viagère qui doivent lui être payées par LL. AA. SS. de Conti, sur les terres de Languedoc, la jouissance et usufruit de tous ses autres biens immeubles, en ce que ladite dame testatrice n'aura pas disposé desdites jouissances et usufruits, qui serviront à la subsistance de ladite dame de Crussol, et à la charge qu'ils ne pourront être saisis par aucun de ses créanciers, moyennant lesquels legs faits à ladite dame de Crussol, elle ne pourra rien prétendre sur tous les biens de ladite dame testatrice, à quelque titre et en quelque sorte et manière que ce soit.

Legs de la jouissance et de l'usufruit de tous les immeubles dont elle n'a pas disposé à la dite dame Crussol, sa mère.

A la charge qu'elle ne pourra rien prétendre sur le surplus de ses biens.

X.

A l'égard de ceux qui pourraient prétendre droit à la succession de ladite dame à titre d'hérédité, elle donne, lègue à chacun d'eux, la somme de cinq sols, pour tout ce qu'ils y pourraient prétendre. .

Legs de cinq sols à chacun des prétendants à la succession.

XI.

Et quant au contrat et résidu de tous les biens qui se trouveront appartenir à ladite dame testatrice à quelque titre que ce soit, et de quelque nature qu'ils puissent être, ses dettes payées et le présent testament accompli, icelle dame donne et lègue ledit restant à l'hôpital des enfants trouvés de cette ville de Paris, lequel hôpital elle fat son légataire universel dudit restant.

Legs universel du restant de ses biens à l'Hôpital des Enfants-Trouvés. .

XII.

Et pour exécuter ledit testament, ladite dame a nommé et élu les personnes de Monsieur le duc de Beauvilliers, en la piété duquel elle a grande confiance; de Monsieur Milon, conseiller au Grand Conseil, et de Monsieur l'abbé de Ferret, pour lesquels elle a une estime particulière, se désaississant en leurs mains de tous ses biens pour et jusqu'à ladite exécution, et au cas du décès de l'un desdits sieurs exécuteurs, les autres auront ladite exécution et pourront nommer en la place du décédé telle autre personne qu'il leur plaira, pour faire ladite exécution conjointement avec eux.

Date, 6 octobre 1691. Ce fut fait, dicté et nommé par ladite dame testatrice à nous dits, notaires soussignés, puis à elle par l'un de nous, en présence de l'autre leu et relou, qu'elle a dit bien entendre et y persisté, comme en sa dernière volonté, en la chambre au premier étage de ladite maison, ayant veue sur la cour, l'an mil six cens quatre vingt ouze, le dixième jour d'octobre avant midi, et a ladite dame testatrice signé son présent testament fait double et à elle délivré, n'ayant voulu qu'il en soit resté minutte, et est ainsi signé : Marie-Félice de Budos, Aumont et Tormois, notaires, et au bas, comme aux autres pages, est écrit, paraphé le dix septembre mil six cens quatre vingt treize, suivant le procès-verbal du commissaire Maçure. Signé Le Camus ; et audit testament est atta-chée l'enveloppe sur laquelle est écrit ce qui suit :

Pour notre mère des Grandes Carmélites ; c'est mon testament et dernière volonté que je la supplie de remettre entre les mains de Monsieur Milon, con-seiller du Grand Conseil de Monsieur le Prince de Conti, en cas que je vienne à mourir; parafé le dix septembre mil six cens quatre vingt treize. Signé : Le Camus.

Archives nationales. — *Maison de Condé*, Carton IV. Maison royale. K. 607 (*Liasse des testaments de la maison de Budos*).

ARRÊT DU CONSEIL D'ÉTAT

EN FAVEUR

DE LA VEUVE DU M^{IS} DE PORTES & SES ENFANTS

(6 MARS 1637)

———

Sur la requette présentée au Roy en son Conseil, par Dame Louise de Crussol, marquise de Portes, mère tutrice et légitime administresse des enfants du deffunt sieur marquis de Portes et d'Elle, contenant qu'en l'année mil six cens vingt huit pendant que le sieur de Portes son mary servoit comme maréchal de camp en l'armée de Sa Majesté au païs de Foix, commandée par Monsieur le Prince, le sieur Rohan, avec les troupes rebelles fit piller et brûler les maisons et châteaux de Terrargues et de Saint-Jean, appartenant au feu sieur marquis de Portes, lequel en l'année suivante, mil six cens vingt neuf perdit la vie pour le service de Sa Majesté, au siège de Privas, et ensuite les charges et gouvernements dont Sa Majesté l'avait honoré, toutes lesquelles ruines et pertes reviennent à plus de deux cens mil livres, requérant qu'il pleut à Sa Majesté pour luy donner moyen de subsister et pouvoir élever deux filles que led. feu sieur des Portes luy a laissées, luy accorder lad. somme de deux cens mil livres, pour luy estre payée des deniers ordinaires et extraordinaires de l'Epargne, veu par le Roy en son Conseil laddite requette et certification du brulement et pillaige desdittes maisons de Teyrargues et de Saint-Jean, le Roy étant en son Conseil, ayant égard à lad. requette et pour récompenser lad. dame marquise de Portes des ruines et pertes par led. sieur marquis de Portes souffertes, a ordonné et ordonne qu'il sera imposé en l'année présente et prochaine également sur les contribuables aux tailles de lad généralité de Pézenas, la somme de cinquante mil livres, pour estre payée à lad. dame marquise de Portes, comme tutrice de ses enfants, par les receveurs des tailles ; des élections de la généralité qui en fairont la recette, sur ses quittances, rapportant lesquelles en bonne et due forme, ils en seront valablement déchargés, partout où il appartiendra.

Fait au Conseil d'État du Roy, Sa Majesté y étant, tenu à Paris, le sixième jour de mars mil six cens trente un. Phelippeaux signé.

LOUIS, par la grâce de Dieu, Roy de France et de Navarre, à nos amis et féaux conseillers les présidents et trésoriers de France, généraux de nos finances, estably à Pézenas, salut :

Suivant l'arrêt dont l'extrait est cy-attaché, sous le contrescel de notre chancellerie, cejourd'huy, donné en notre Conseil d'État, sur la requette de dame Louise de Crussol, marquise de Portes, mère tutrice et légitime administresse des enfants du feu sieur marquis de Portes et d'elle, nous vous mandons et ordonnons que par les éleus des Élections deppendant de votre généralité, vous ayez en la manière accoutumée à faire asseoir, imposer et lever en l'année présente et prochaine sur les contribuables aux tailles des élections, la somme de cinquante mil livres, avec celle de deux mil livres pour les frais du sceau et expédition des présentes, et faire recevoir les deniers qui proviendront de la levée par les receveurs des tailles des élections, pour estre payée à la suppliante sur ses simples quittances, pour les causes contenues audit arrêt, contraignant et faisant constraindre les refusans desdits contribuables au payement de leurs taxes et quotittes par toutes voyes deues et raisonnables ; nonobstant opposition ou appellations quelconques pour lesquelles et sans préjudice d'icelles voulons être différé par notre huissier ou sergent premier sur ce requis auquel commandons ainsy ce faire sans qu'il soit tenu de demander autre congé ou permission. Nonobstant aussy le réglement fait en notre Conseil, au mois de décembre mil six cens vingt sept, pour les impons et levées, auquel pour cet égard et sans tirer à conséquence, nous avons dérogé et dérogeons par ces présentes signées de nostre main ; car tel est notre plaisir.

Donné à Paris, le sixième jour de mai, l'an de grâce mil six cens trente un, et de notre règne le vingt unième. LOUIS signé. Et plus bas : par le Roy, Phelippeaux signé, et scellées du grand sceau de cire jaune à simple queue, et au dos des l. lettres est écrit : Enregistrées au controlle général des finances, par moy soussigné à Paris, le onzième jour de mars mil six cens trente deux. Signé.

Les présentes, avec l'arrest du Conseil y énoncé et attaché, ont été enregistrées ès registres de la Cour des comptes, aydes et finances de Montpellier, pour jouir par lad. dame de Portes de l'effet contenu sans tirer à conséquence et sauf les oppositions et appellations à la Cour suivant l'arrest de cejourd'huy à Montpellier, le quatre de février mil six cens trente-deux.

Extrait des registres de la Cour des comptes, aydes et finances de Montpellier, par nous, greffier en chef, civil et criminel de la Chambre des comptes, commis par ladite cour.

Signé : POUGET.

Archives nationales, original. IV *Maison royale*, carton K 607 (r. 25).

INDEX

~~~~~~~~~~~

Paris-typ. PAUL DUPONT, 41, rue Jean-Jacques-Rousseau.

www.ingramcontent.com/pod-product-compliance
Lightning Source LLC
Chambersburg PA
CBHW052212270326
41931CB00011B/2316